Lippe zu Fuß erleben

Titelbild:

Blick vom Kösterberg auf das Tal der Kasselbeeke im Extertal

Umschlag hinten:

Oben links: Naturkino auf dem Köterberg
Oben rechts: Burg Schwalenberg
Unten links: Blick ins Ilsenbachtal zwischen Rischenau und Elbrinxen
Unten rechts: Aussicht nach Südwest von der Panorama-Tour am Köterberg

Die Herausgabe dieser Publikation wurde unterstützt durch:

KREIS LIPPE

Lippischer Heimatbund
Werte. Vielfalt. Leben.

Naturpark Teutoburger Wald Eggegebirge

Herausgegeben vom Lippischen Heimatbund
[www.lippischer-heimatbund.de]

Bibliografische Information der Deutschen Nationalbibliothek
Die Deutsche Nationalbibliothek verzeichnet diese Publikation in der Deutschen Nationalbibliografie; detaillierte bibliografische Daten sind im Internet über http://dnb.de abrufbar.
ISBN 978-3-95954-159-6

Quellen: Kreis Lippe und Land NRW (2023)
Datenlizenz Deutschland – Zero – Version 2.0
(www.govdata.de/dl-de/zero-2-0) sowie
Auszug aus den Geobasisdaten der Niedersächsischen Vermessungs- und Katasterverwaltung (2023)
Datenlizenz Deutschland - Namensnennung - Version 2.0
(www.govdata.de/dl-de/by-2-0)
Kooperationspartner: Kreis Lippe, Der Landrat
Fachbereich Geoinformation, Kataster und Immobilienbewertung

Redaktion: Johannes Kopel-Varchmin, Schlangen;
Andreas Rahns, Lügde; Matthias Füller, Bielefeld

Gestaltung: Verlag Jörg Mitzkat

Verlag Jörg Mitzkat [www.mitzkat.de]
Holzminden, 2025

Lippe zu Fuß erleben

18 Wanderungen in der Qualitätswanderregion Lippe – Land des Hermann

Empfohlen und Herausgegeben vom Lippischen Heimatbund

Verlag Jörg Mitzkat

Inhaltsverzeichnis

Einführung

Vorwort ... 6
(*Albert Hüser*)

Einleitung ... 8
(*Johannes Kopel-Varchmin*)

Übersichtskarte ... 12

Tipps und Informationen zum Wandern ... 14
(*Johannes Kopel-Varchmin*)

Wanderungen

Nordlippe

1. Salzetal und Stadtwald Bad Salzuflen mit dem Vierenberg ... 24
(*Fabian Fester*)

2. Taller Bergrunde – sportlich, aussichtsreich, vielfältig! ... 32
(*Rainer Dubbert, Matthias Füller*)

3. Grenzwanderung über die Extertaler Randhöhen ... 40
(*Helmut Depping, Matthias Füller*)

4. Rund um den Schwelentruper Talkessel – Burg Sternberg ... 48
(*Helmut Depping, Matthias Füller, Johannes Kopel-Varchmin, Bernd Mühlenmeier*)

5. Humfeld – ein lippisches Dorf und seine Umgebung ... 56
(*Friedrich Brakemeier, Angelika Nolte*)

6. Den Fluss (fast) immer im Blick – Wandern entlang der Bega in Lemgo ... 66
(*Dieter Jooß*)

Südostlippe

7. Der „Kunstpfad“ durch die Barntruper Kernstadt, die Beganiederung und den Stadtwald ... 78
(*Johannes Kopel-Varchmin*)

8. Winterberg und Herlingsburg – eine Waldrunde bei Blomberg-Eschenbruch ... 86
(*Gerhard Nagel*)

9. Auf dem Kirchweg von Lügde zu den Höhendörfern der Ottensteiner Hochfläche 96
(*Johannes Kopel-Varchmin, Andreas Rahns*)

10. Im stillen lippischen Südosten: Elbrinxen – Sabbenhauser Egge – Kloster Falkenhagen 104
(*Matthias Füller, Johannes Kopel-Varchmin*)

11. Grandiose Rundumsicht und beeindruckende Natur – der Köterberg 114
(*Matthias Füller, Johannes Kopel-Varchmin*)

12. Schwalenberg – Landschaftsgeschichte und mittelalterliches Flair 124
(*Matthias Füller, Joachim Kleinmanns*)

Westlippe und Teutoburger Wald

13. Silberbach, Preußische und Lippische Velmerstot 136
(*Matthias Füller*)

14. Weite Blicke und tiefe Täler im Kohlstädter Kalkbergland 146
(*Henning Schwarze*)

15. Die Wanderroute Römer-Ritter-Riten – Externsteine, Falkenburg, Vogeltaufe, Bärenstein 154
(*Johannes Kopel-Varchmin, Adolf Nagel*)

16. Hiddesen – Hermannsdenkmal – Waldeinsamkeit am Dreiflussstein 162
(*Matthias Füller, Helmut Huneke*)

17. Auf Pilgerpfaden rund um Stapelage 172
(*Wolfgang Thevis*)

18. Eine neue Landschaft ist entstanden – Erlebniswandern in Oerlinghausen 182
(*Horst Biere, Klaus Biere*)

Anhang

Empfehlenswerte Wanderliteratur für Lippe 190

Literatur und Internetadressen 193

Bildnachweis 196

Dank 198

Autoren und Unterstützer 199

Vorwort

Heimat bewahren, Heimat gestalten und Heimat erleben sind Aufgaben und Ziele des Lippischen Heimatbundes seit seiner Gründung im Jahre 1908.

Heimat erleben kann man am besten und intensivsten beim Wandern. Deshalb fördert der Lippische Heimatbund mit seiner Fachstelle Wandern und seinen gut 70 Ortsvereinen diese sinnvolle Freizeitaktivität. In fast allen unseren Vereinen haben sich Menschen zusammengefunden, um die einmalige lebens- und liebenswerte Kulturlandschaft unseres Lipperlandes mit allen Sinnen zu erkunden und zu erleben. Regelmäßig werden von den Wandergruppen unserer Heimatvereine und der Fachstelle Wandern interessante Wanderungen organisiert, an denen zahlreiche Menschen immer wieder gern teilnehmen.

Dank der vom Lippischen Heimatbund herausgegebenen und im Bonifatiusverlag erschienenen Wanderkarten, die flächendeckend das Lipperland erfassen, kann man selbst Wanderungen organisieren. Aber noch einfacher ist es, sich an Vorschlägen der sachkundigen Wanderführer vor Ort zu orientieren.

In diesem Buch sind 18 Wanderungen über ganz Lippe verteilt, detailliert mit Karte, Höhenprofil, Anreise- und Parkmöglichkeit, mit Hinweisen auf Sehenswürdigkeiten in Natur, Landschaft und Geologie sowie auch Einkehrmöglichkeiten beschrieben. Ein gelungenes Werk, für das ich mich bei allen Autoren, der Redaktion, den Förderern und allen Unterstützern ganz herzlich bedanke.

Wir haben im Kreis Lippe das Glück, in einem sehr vielfältigen Naturraum zu leben, der besonders zum Wandern einlädt. Der Weg in den Wald ist nah, die Höhenunterschiede sind gering, die Aussichten im lippischen Hügelland beeindrucken.

Nehmen Sie dieses Buch zur Hand und entdecken Sie auf den Spuren dieser Wandervorschläge Neues und sehen Sie Bekanntes mit anderen Augen. Vor allem aber erfreuen Sie sich an der wunderschönen Landschaft, Natur und Architektur unserer Heimat, des lebens- und liebenswerten Lipperlandes.

Dr. Albert Hüser
Vorsitzender des Lippischen Heimatbundes

Einleitung

Liebe Wanderfreundin, lieber Wanderfreund,

2014 hat der Lippische Heimatbund erstmals „Lippe zu Fuß erleben“ herausgebracht, 2019 zum Deutschen Wandertag gab es eine erweiterte Auflage.
Wir freuen uns, einen neuen Band vorstellen zu dürfen, der mehr als eine Neuauflage ist.

Wir stellen Wandervorschläge vor, die in dieser Form noch nicht veröffentlicht wurden, so die Wanderung um Schwalenberg (Wanderung 12), die „Taller Bergrunde“ (Wanderung 2), Touren im Bereich Elbrinxen/Falkenhagen und in Schlangen-Kohlstädt (Wanderung 10 und 14). Schon in den bisherigen Bänden enthaltene Vorschläge wurden aktualisiert und an die in großen Teilen veränderte Wegekennzeichnung angepasst.

Der Kreis Lippe ist „Qualitätsregion Wandern“! Neue Zielwegweiser, verbesserte Wegführungen, Infotafeln, Rastmöglichkeiten haben das Wandern noch attraktiver gemacht (vgl. Tipps und Informationen).

Die Wandervorschläge berücksichtigen das Lipperland in seiner ganzen Vielfalt. Die Gebirgszüge von Teutoburger Wald und Egge sowie die angrenzende eiszeitliche Sand- und Dünenlandschaft der Senne sind traditionelle Wander- und Erholungslandschaften. Die über die Kammlagen verlaufenden Fernwanderwege Hermannsweg und Eggeweg bieten herausragende Wander- und Naturerlebnisse. Attraktiv für Wanderer und Erholungssuchende ist auch der vom Qualitätsweg Hansaweg (X 9, von Herford bis Hameln) und dem „Weg der Blicke“ erschlossene Norden Lippes. Von den Höhenzügen des nordlippischen Berg- und Hügellandes bieten sich beeindruckende Aussichten, insbesondere zu den östlich gelegenen Mittelgebirgen rechts der Weser. Bei den Kalletaler Ortsteilen Erder und Varenholz grenzt der Kreis Lippe direkt an die Weser. Den Fluss Lippe hingegen bekommt man im Kreis Lippe nicht zu sehen, da er etwa einen Kilometer von der südlichen Kreisgrenze entfernt in Bad Lippspringe (Kreis Paderborn) entspringt und dann in (süd)westliche Richtung zum Rhein fließt.

Landschaftliche Vielfalt und ausgedehnte Wälder bietet auch der lippische Südosten mit dem fast 500 Meter hohen Köterberg, der höchsten Erhebung in der Region.

Bergheide auf der Lippischen Velmerstot (Wanderung 13)

Auf den Höhenzügen unseres Kreises erstrecken sich großflächige Buchenwälder. Neben den Waldgebieten von Teutoburger Wald und Egge sind hier der Lemgoer Wald, die Wälder bei Blomberg und insbesondere der Schwalenberger Wald zu nennen. Die vor allem nach dem Zweiten Weltkrieg auch im Kreis Lippe vermehrt angepflanzte Fichte ist nach den Schäden durch Trockenheit, Borkenkäfer und Stürmen heute fast überall abgestorben oder entnommen worden. Auf den ehemaligen Fichtenflächen sollen klimaresistente Wälder neu entstehen. Gut zu beobachten in den Wäldern um Kohlstädt (Wanderung 14), im Silberbachtal (Wanderung 13) und im Blomberger Wald (Wanderung 8).

Überall in Lippe begegnet der Besucher der Geschichte Lippes. Namensgebend für den Kreis Lippe sind die Edelherren zur Lippe, erstmals 1123 urkundlich erwähnt. Die Besitzungen des Adelsgeschlechts lagen außerhalb des heutigen Kreisgebiets. Die Edelherren residierten im 12. Jahrhundert in dem am Fluss Lippe gelegenen Lippstadt. Von der ab 1190 erbauten Falkenburg bei Detmold (Wanderung 15) baute das Geschlecht zur Lippe sein Herrschaftsgebiet aus und drängte andere bedeutende Adelsgeschlechter zurück, insbesondere die Grafen von Schwalenberg (Wanderung 12). Seit dem späten 15. Jahrhundert kann man von einem abgegrenzten Territorium Lippe sprechen.

Im 16. Jahrhundert wurden die Edelherren Reichsgrafen und 1789 ernannte der Kaiser Leopold den I. zum Fürsten. 1918 endete die Zeit des Fürstentums. Lippe wurde Freistaat mit einem Parlament und einem Landespräsidenten. Große Teile des Vermögens des Fürstentums wurde dem Freistaat übertragen und wird noch heute vom Landesverband Lippe verwaltet, dessen Sitz sich im Schloss Brake befindet (Wanderung 6).

1947 wurde der Freistaat durch die britische Besatzungsmacht mit dem Land Nordrhein-Westfalen vereinigt. Die lippische Rose im Wappen von Nordrhein - Westfalen ist Kennzeichen des besonderen Status von Lippe.

Den Menschen in Lippe werden oft mit einem Augenzwinkern besondere Eigenschaften zugeschrieben. Bundespräsident Steinmeier, selbst Lipper, unterhält in seiner Rede zum Festakt „900 Jahre Lippe und 50 Jahre Kreis Lippe" mit immer wieder gern gehörten Anekdoten, in denen es fast immer um die lippische Sparsamkeit geht. (https://www.bundespraesident.de/SharedDocs/Termine/DE/Frank-Walter-Steinmeier/2023/03/230305-Lippe-900-Jahre.html).

Die vorgeschlagenen Wanderstrecken sind nicht länger als zwölf Kilometer, oft auch ein bisschen kürzer. Wer länger wandern möchte, kann sich an den Vorschlägen im Buch orientieren. Hat man eine Region besonders liebgewonnen, bieten sich weitere Strecken fast von selbst an. Der Teutonavigator (vgl. Tipps und Informationen) enthält viele Vorschläge.

Wandererlebnisse sind individuell. Manchmal geht der Blick nach innen, manchmal ist man offen für Informationen zur Natur- und Landschaftsgeschichte. Unsere Beschreibungen liefern Ideen und Anregungen, die Wanderung selbst zu gestalten. Natürlich muss man nicht den Vorschlägen exakt folgen.

Aus einer Rundwanderung kann man mit Hilfe von „Lippemobil" auch eine Streckenwanderung machen, so kann man auf der von uns vorgeschlagenen Route zum Köterberg wandern (Wanderung 11) und mit dem Nahverkehr zurückfahren (vgl. Tipps und Informationen).

Die meisten Wegbeschreibungen sind in Zusammenarbeit mit der Biologischen Station Lippe entstanden.

Einige Beschreibungen enthalten umfassende Informationen zu Natur und Landschaft, andere sind knapper gehalten. Das hat nicht nur den Grund, dass der Platz begrenzt ist. Wir wollten auch Wiederholungen vermeiden und nicht im Internet leicht zugängliche Informationen wiedergeben. GPS-Tracks zu den Wanderungen können im Web unter www.lippischer-heimatbund.de/fachstellen/wandern.html abgerufen werden.

Wie in fast allen Mittelgebirgslandschaften in Deutschland sind die Einkehrmöglichkeiten begrenzt, insbesondere an Werktagen und in der Mittagszeit. In unseren Wandervorschlägen werden Einkehrmöglichkeiten genannt. Wir empfehlen für die Wanderplanung sich über die Öffnungszeiten zu informieren.

Wir wünschen Ihnen mit diesem Buch schöne Wandererlebnisse.

Anregungen und Kritik richten Sie bitte an den Lippischen Heimatbund – Fachstelle Wandern. (fs.wandern@lippischer-heimatbund.de).

Wanderweg am Köterberg (Wanderung 11)

Herford
1
Bad Salzuflen
2
Kall
Lemgo
6
18
Oerlinghausen
17
Detmold
16
Schloß Holte-
Stukenbrock
15
Horn-Bad
13
14
Schlangen

3
4
Extertal
5
Dörentrup
Barntrup
7
Bad Pyrmont
Lügde
8
9
Blomberg
nberg
Steinheim
12
10
11

Tipps und Informationen zum Wandern

Wandern

Die Wanderwege in Lippe sind mit Wegezeichen und einer Zielwegweisung gut ausgeschildert.

Die Vielfalt an Wegezeichen erscheint an manchen Stellen ein wenig unübersichtlich. Da diese aber auch auf den Zielwegweisern vermerkt sind, findet man sich schnell zurecht. Die vier für Lippe erhältlichen Wanderkarten sorgen für einen guten Überblick über das jeweilige Wandergebiet.

Wer gerne auch einmal an Wanderungen in der Gruppe teilnehmen möchte, findet ein breit gefächertes Angebot. Geführte Wanderungen werden von verschiedenen Organisationen, häufig auch mit Themenbezug wie z. B. Ortsgeschichte, Natur und Umwelt oder Besonderheiten und Schönheiten der Region.

Wegezeichen

Wer in der Natur unterwegs ist, wird schon manchmal vor Rätsel gestellt, wenn er die Zeichen an den Bäumen entschlüsseln möchte; deshalb hier ein Versuch ein wenig Ordnung zu schaffen.

Am Anfang standen die überregionalen Streckenwege, die von Karl Bachler und Mitstreitern gekennzeichnet wurden. Das X steht für Fernwege, die Raute für Bezirkswege.

Zu den Fernwanderwegen zählen neben den X-Wegen, wie dem Eggeweg (X 1), auch der Europäische

Fernwanderweg E 1 (X) oder der Hermannsweg (H). Die beiden Wege Hermannsweg und Eggeweg sind auch mit „Hermannshöhen" gekennzeichnet worden.

Wichtige Fernwege in Lippe sind der Burgensteig (X 2), der von Porta Westfalica aus über Burg Sternberg, Barntrup und Schwalenberg nach Höxter führt und der Hansaweg (X 9) von Herford nach Hameln.

In letzter Zeit wurden neue Fernwege als Rundwanderwege geschaffen, der „Weg der Blicke" im lippischen Norden, der „Lippische Pilgerweg" und der „Bäderweg" (Bad Driburg – Bad Meinberg – Bad Lippspringe). In fast allen Fällen folgen diese Wege schon vorher vorhandenen Fernwanderwegen.

Kürzere Fernwege werden als Bezirkswanderwege bezeichnet. Ein Beispiel für einen Bezirkswanderweg ist der Alte Postweg von Detmold nach Schlangen (◊ 1).

X

Eggeweg

X9

Hansaweg

Pilgern in Lippe

Pilgern in Lippe

H

Hermannsweg

Weg der Blicke

Rotter Runde

Rotter Runde

In vielen Orten in Lippe wurden Rundwanderwege um Ortslagen geschaffen, die fast immer mit einem Großbuchstaben gekennzeichnet sind.

Wanderparkplätze sind der Ausgangspunkt für eine große Zahl von Rundwanderwegen, früher vornehmlich mit A und einer Ziffer gezeichnet. Heute werden eher Piktogramme verwandt, z. B. Taller Bergroute, Panoramaweg am Köterberg, die die Routen im Rintelschen Hagen oder die Kohlstädter Waldroute. Der Trend der letzten Jahre sind auch Themenwege. Zu nennen sind der Zwerg-Anton-Weg in Barntrup-Alverdissen, die Klimaerlebniswege (z. B. in Schlangen, Bad Lippspringe und Detmold) sowie der Naturparktrail „Natur-Zeit-Reise" im Schwalenberger Wald und die Themenwege im Extertal oder Oerlinghausen.

Eine Besonderheit sind die Vitalwanderwege „VitalWanderWelt" in Bad Salzuflen und Bad Meinberg, die dem Gesundheitswandern dienen sollen.

Fast alle der im Buch vorgestellten Wege sind in der Natur mit Wegezeichen ausgeschildert. Wenn das nicht der Fall ist, wird in der Karte mit „WoK" (Weg ohne Kennzeichnung) darauf hingewiesen.

Natur-Zeit-Reise

KlimaErlebnisWeg

Vital-Wander-Welt

Zielwegweisung

Hier sind die Fernwege (in der Regel X-Wege, z. B. X 9, Hansaweg) als auch Rundwege (oft A 1, A 2, oder unterschiedliche Piktogramme wie am Rand zu sehen) dargestellt. Zu beachten ist: die auf den Schildern angegebenen Entfernungen beziehen sich immer auf den Routenverlauf des jeweiligen Wanderwegs. Einzelne örtliche Wege (z. B. der A 4 von der Burg Sternberg nach Schwelentrup, Wanderung Nr. 4) sind nicht in der Zielwegweisung enthalten, auch nicht die Wege im Rintelnschen Hagen (siehe Wanderung Nr. 3)

Klosterwegkennzeichnung

Markierung Panorama-Tour am Köterberg und Natur auf der Spur

Wanderkarten

Für Lippe liegen vier aktuelle Wanderkarten auf der Basis der Kartenwerke des Landes NRW (Maßstab 1 : 25.000) vom Bonifatius-Verlag vor.

Wanderkarte Lippe – Land des Hermann:

- Lippischer Nordwesten,
- Nordlippisches Bergland,
- Hermannsland,
- Lippischer Südosten.

Die Karten enthalten die gekennzeichneten Wege, aber auch alle übrigen Wege. Das erleichtert die Zusammenstellung einer Route und hilft, die hier vorgeschlagenen Routen zu variieren.

Städte und Gemeinden geben oft eigene Ortskarten heraus, die neben dem Straßennetz mit Namen auch Wanderwege enthalten (z. B. Oerlinghausen, Schieder-Schwalenberg, Lügde usw.).

Für den „Weg der Blicke“, einen durch mehrere nordlippische Gemeinden verlaufenden Rundwanderweg mit zahlreichen schönen Aussichtspunkten über die umgebende Landschaft, gibt es eine eigene Übersichtskarte.

Das Wanderwegenetz kann im Internet über die Seite www.tim-online.nrw.de/tim-online2 eingesehen werden (Topographisches Informationsmanagement des Landes Nordrhein-Westfalen).

Geführte Wanderungen

Die Wandervereine in Lippe bieten regelmäßig Wanderungen an, an denen gerne auch Gäste teilnehmen können.

- *Eggegebirgsverein e.V.:* www.eggegebirgsverein.de
- *Lippischer Heimatbund e.V.:* www.lippischer-heimatbund.de
- *Teutoburger-Wald-Verein Lippe-Detmold e.V.:* www.twv-lippe-detmold.de
- *Wanderfreunde Bad Salzuflen e.V.:* www.wanderfreunde-bad-salzuflen.de

Wanderungen, geführt und individuell, werden auch von Städten und Gemeinden, sowie von Touristinformationen und Marketingvereinen angeboten.

- *Augustdorf:* www.augustdorf.de
- *Barntrup:* www.barntrup.de und siehe auch Nordlippe
- *Blomberg:* www.blomberg-urlaub.de über Blomberg Marketing e.V. unter Freizeit
- *Detmold:* www.detmold.de
- *Dörentrup:* siehe Nordlippe
- *Extertal:* www.marketing-extertal.de, Wanderprogramm von Marketing Extertal e.V. und siehe auch Nordlippe
- *Horn-Bad Meinberg:* www.hornbadmeinberg.de, über GesUndTourismus Horn-Bad Meinberg GmbH
- *Kalletal:* www.kalletal.de Umfangreiches Wanderprogramm und Angebote für „Waldbaden" und siehe auch Nordlippe
- *Lage:* www.lage.de
- *Lemgo:* www.lemgo-marketing.de über Lemgo Marketing e.V.
- *Lügde:* www.luegde.de
- *Oerlinghausen*: www.oerlinghausen.de
- *Schieder-Schwalenberg:* www.tourismus.schieder-schwalenberg.de
- *Schlangen:* www.gemeinde-schlangen.de
- *Region Nordlippe:* www.wanderregion-nordlippe.de über Lokale Aktionsgruppe Nordlippe e.V.
- *Lippe Tourismus & Marketing GmbH:* www.land-des-hermann.de, Angeboten werden Wanderwochen, außerdem Etappenwanderungen auf dem Hermannsweg

Aussicht von der Kohlstädter Waldroute über die Fürstenalle und Oesterholz-Haustenbeck in die Senne (Wanderung 14)

Auch Naturschutzorganisiationen und die Lippische Landeskirche bieten Wanderungen an.

- *Zweckverband Naturpark Teutoburger Wald/Eggegebirge:* www.naturpark-teutoburgerwald.de Wanderangebote mit Naturschwerpunkt.
- *Naturparkführer Teutoburger Wald e.V.:* www.naturpark-fuehrer.org, Zertifizierte Naturparkführer vermitteln mit geführten Veranstaltungen die Schönheiten und Besonderheiten dieser Region. Individuell geplante Touren sind möglich, auch für Menschen mit Mobilitätseinschränkungen.
- *Natur OWL:* www.natur-owl.info Führungen und Touren
- *Biologische Station Lippe:* www.biologischestationlippe.de, Wanderungen mit dem Schwerpunkt Natur, auch auf Wegen, die in diesem Buch vorgestellt werden.
- *Lippische Landeskirche:* www.pilgern-in-lippe.de, Angebot von Pilgerwanderungen in Lippe.

Blick vom Aussichtspunkt der Ochsentour über die Sandgrube Hassler in Oerlinghausen (Wanderung 18)

Das Projekt „NaTourEnergie“ bietet eine Vielfalt von Führungen und Veranstaltungen für Erwachsene und Kinder: von der Alpakaführung über Wildbeobachtung bis hin zu Wildkräuterwanderungen sowie Führungen und Informationen zu alternativen Energien im „Energiedorf“ Wendlinghausen. (www.natourenergie.de).
Führungen zur Falkenburg werden über den Verein Die Falkenburg e.V. veranstaltet. Informationen findet man auf der Internetseite des Vereins: www.falkenburg-lippe.de.

Wanderungen an den Externsteinen werden z. B. über die Internetseite des Landesverband Lippe unter www.landesverband-lippe.de/Wanderungen-rund-um-die-Externsteine angeboten.

Nahverkehr

ÖPNV und LIMO

Über die App der Bahn (DB Navigator) können sämtliche Nahverkehrsverbindungen abgerufen werden, einschließlich der Bus- und Anruf-Linien-Fahrten LIMO, die das Linienangebot des Busverkehrs auf dessen Liniennetz ergänzen. Das Pilotprojekt ist inzwischen schon vielerorts verbreitet, siehe auch die Hinweise in den Tourenbeschreibungen.

Lippemobil (Nahverkehr in Lippe): Fahrplanauskünfte und weitere Auskünfte gibt es auch über www.lippemobil.de oder die für alle Mobilgeräteplattformen verfügbare Lippemobil-App.

Landeseisenbahn Lippe

Die Ehrenamtlichen der Landeseisenbahn betreiben die Extertalbahn zwischen Extertal-Bösingfeld und Dörentrup, allerdings nur zu bestimmten Terminen.

In jedem Jahr wird neben anderen besonderen Events eine Kombination von Wandern und Bahnfahren angeboten. Für selbst organisierte Wanderungen in Kombination mit der Landeseisenbahn wird die Strecke Dörentrup – Bösingfeld empfohlen.

Alte Straßenbahn an den Externsteinen (Wanderung 15)

Weitere Informationen

Naturschutzgebiete

Ausführliche Informationen zu den im Buch erwähnten Naturschutzgebieten enthält der Band Naturschutzgebiete in Lippe, Entdeckungsreise durch eine Natur- und Kulturlandschaft, Holzminden 2010 (Verlag Jörg Mitzkat), ISBN 978-3-940751-22-5
Auch die Biologischen Stationen Lippe und Kreis Paderborn – Senne sowie der Naturpark Teutoburger Wald/Eggegebirge sind hierfür kompetente Ansprechpartner.

Lippische Kulturlandschaften

Die vom Lippischen Heimatbund e.V. herausgegebenen Hefte der Reihe Lippische Kulturlandschaften informieren ausführlich über Natur- und Kulturgeschichte der Region und ergänzen die Tourenbeschreibungen, z. B. Schloss Barntrup, Schloss Brake, Schwalenberg, Schloss Brake, Hermannsdenkmal, Externsteine uvm. (insgesamt über 55 Ausgaben).
Eine Übersicht befindet sich auf der gleichnamigen Wikipedia-Seite. Die Kulturlandschaften können auch über den Heimatladen des Lippischen Heimatbundes unter www.lippischer-heimatladen.de zum Preis von jeweils 4 Euro bezogen werden.

Pilgern in Lippe

Lippe wird von einem recht dichten Netz von Pilgerwegen durchzogen. Die Lippische Landeskirche hat eigens einen Wanderführer „Pilgern in Lippe – Weg der Stille“ herausgegeben, der über die Landeskirche bezogen werden kann.

Meldemax

Fehlende Markierungen und Schäden an Wegen können über die Plattform des Kreises Lippe und der Lippe Tourismus & Marketing GmbH digital über die Internetadresse: www.land-des-hermann.de/natur-aktiv/wandern/meldemax mitgeteilt werden.

TEUTO_Navigator

Tourentipps, Ausflugsziele, Restaurants, Unterkünfte und vieles mehr aus der direkten Umgebung findet man auf der Internetseite www.teutonavigator.de. Der TEUTO_Navigator kann auch kostenlos im App Store /Play Store aufs Smartphone geladen werden.

Blick ins Begatal (Wanderung 5)

Herford
Kalletal
1
2
Bad Salzuflen
Lemgo
6

WANDERUNGEN

Nordlippe

Salzetal und Stadtwald Bad Salzuflen mit dem Vierenberg

Fabian Fester

Der Wandervorschlag ist zweigeteilt, in eine Runde im Salzetal entlang artenreicher Feuchtwiesen und eine Runde durch den Bad Salzufler Stadtwald mit schönen Waldbildern und beeindruckenden Aussichten.
Unbedingt zu empfehlen ist ein Abstecher in die historische Altstadt, mit den Gradierwerken und in den Landschaftspark/Kurpark.

Start: Wanderparkplatz an der Wüstener Straße Ecke Heuweg
Start-/Zielkoordinaten:

- DG: 52.097361; 8.767101
- UTM: 32U 484046.077; 5771892.655
- w3w: ///bewirkte.erdboden.eile

Länge: 11,5 km

1. Salzetalrunde (5,2 km)
Höchster Punkt: 120 m üNN
Niedrigster Punkt: 80 m üNN
Gesamtanstieg: 60 m
Wegbeschaffenheit:

- Naturnah: 1,5 km (29 %)
- Befestigt: 3,5 km (67 %)
- Asphalt/Pflaster: 0,2 km (4 %)

2. Eine Runde durch den Stadtwald (6,4 km)
Höchster Punkt: 260 m üNN
Niedrigster Punkt: 120 m üNN
Gesamtaufstieg: 150 m
Wegbeschaffenheit:

- Naturbelassen: 1 km (15 %)
- Befestigt: 5,1 km (80 %)
- Asphalt/Pflaster: 0,3 km (5 %)

Markierung: 1, 6, X 9 und V blau
Parken: Wanderparkplatz an der Wüstener Straße
ÖPNV: Bus Linie 946/947, Haltestelle „Haus Vierenberg" und Bus Linie 943/946, „Alte Vlothoer Straße"
Einkehrmöglichkeiten: Bergrestaurant Hollenstein (05222/ 8 31 62), Umweg von 1,5 km

Gewässer im Salzetal

1. Salzetalrunde

Wir überqueren vom Wanderparkplatz kommend die Wüstener Straße. Gleich auf der gegenüberliegenden Seite des Parkplatzes führt ein gepflasterter Weg (Wanderwege 1 und X 9) bergab bis zur Alten Vlothoer Straße, die wir ebenfalls überqueren. Jetzt folgen wir ***nicht*** den gekennzeichneten Wanderwegen nach links, sondern nach rechts einem schmalen Pfad, der am Feldrand entlangführt. Schon nach etwa 250 Metern erreichen wir den Waldrand am Knickberg und halten uns links.

1

X9

Der Weg führt bergab durch einen kleinen Buchenwald und über eine hölzerne Brücke in Richtung Salzetal. Wir treffen hier auf den Hansaweg (X 9). Diesem folgen wir zwei Mal nach links und stoßen auf ein *Wildgehege* (1), in dem sich ein Rudel Damwild beobachten lässt. Unser Weg führt entlang des Geheges und überquert die Salze. Gleich hinter der Brücke verlassen wir den X 9 und folgen der Salze auf der rechten Seite, dem Wanderweg 6 (und weiteren Wanderwegen) nach Norden. Die in diesem Bereich naturnah erhaltene Salze windet sich, von Weiden und Erlen gesäumt, durch Feuchtwiesen, Weiden und stellenweise auch durch kleine Auwälder.

6

Die Besonderheit des Salzetals liegt versteckt in den Feuchtwiesen, wo sich die einzigen natürlichen Binnensalzstellen des Weserberglandes befinden. Durch den Austritt von salzigem und mineralhaltigem Wasser treten in den Feuchtwiesen stellenweise Pflan-

Salzetal

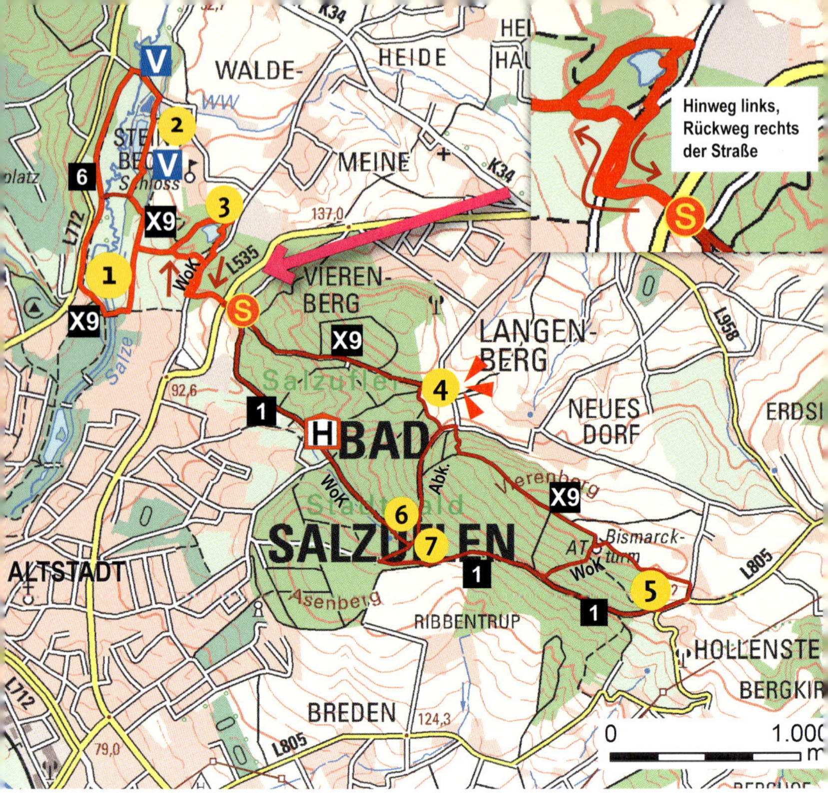

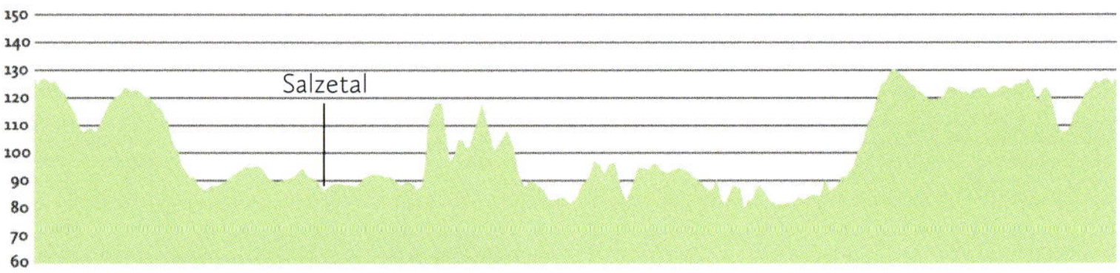

Licht und Schatten im Laubwald

zen wie Strand-Milchkraut, Salz-Bunge und Salzbinse auf, die sonst nur in den Küstenregionen anzutreffen sind.

An der nächsten Weggabelung biegen wir nach rechts ab (Wanderweg V blau), überqueren die Salze und gehen über eine alte Kastanienallee auf Gebäude zu, die zum *Gut Steinbeck* (2) gehören. Bevor wir die Gebäude erreichen, biegt unsere hier nicht gekennzeichnete Route nach rechts ab. Entlang ehemaliger Fischteiche des Gutes führt ein schmaler Pfad am Feldrand entlang in einen kleinen Erlenbruchwald, in dem im Frühjahr mit etwas Glück die Rufe des Kleinspechtes zu hören sind.

V

Vital-Wander-Welt

Der schmale Pfad führt uns zurück auf den markierten Wanderweg (V blau), dem wir nach links und dann nach rechts folgen. Nach wenigen Metern stoßen wir auf das Teilstück des X 9, das wir auf dem Hinweg schon einmal begangen haben. Wir folgen dem X 9 bergauf durch das kleine Buchenwäldchen, halten uns dieses Mal links und erreichen den Knickberg (117 m üNN). Kurz bevor wir die Alte Vlothoer Straße queren, lässt sich auf der rechten Seite etwas versteckt der Stumpfe Turm entdecken. Direkt unterhalb des Turmes liegt ein kleiner Waldweiher mit einer Bank, die zum Rasten einlädt. Aufgrund der steilen Hänge ist das Ufer des Weihers von der Turmruine aus am besten über einen ca. 150 Meter entfernten Zugang von der Alten Vlothoer Straße aus zu erreichen.

Vom Stumpfen Turm aus überqueren wir erneut die Alte Vlothoer Straße. Unser Weg knickt direkt nach rechts in einen alten Hohlweg ab, der Teil eines alten Handelsweges ist. Links des Weges lassen sich Reste weiterer Hohlwege erkennen. Der Weg führt über die bereits bekannte gepflasterte Teilstrecke bergauf zum Wanderparkplatz zurück.

Stumpfer Turm

1447 am Rand des Vierenberges erbaut, diente der „Stumpfe Turm“ als Vorposten außerhalb der Stadtmauern der Sicherung und Überwachung wichtiger Handelsrouten. Von dem ehemals 10 Meter hohen Turm wurde das Gelände jenseits des Höhenzuges beobachtet, um bei Gefahr Signale an einen Wehrturm zu senden und die Stadt zu warnen.
Im Verlauf des Dreißigjährigen Krieges wurde der Wachturm durch kaiserliche Soldaten teilweise zerstört und trägt seit jeher den Namen „Stumpfer Turm“.

Blick über den Berghof nach Südosten auf die Höhenzüge bei Talle und die Lemgoer Mark.

2. Eine Runde durch den Stadtwald – Vierenberg und Bismarckturm

1. Etappe: Wanderparkplatz an der Wüstener Straße – Bismarckturm (2,5 km)

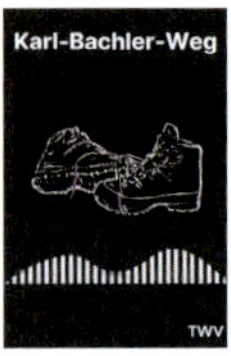

Karl-Bachler-Weg

Vom Parkplatz aus führt die Wanderstrecke auf einem 1,3 km langen Anstieg (X 9 und Karl-Bachler-Weg) stetig bergauf. Der X 9 folgt einem historischen Handelsweg, der die Hansestädte Herford, Lemgo und Hameln miteinander verbunden hat. Wir passieren beeindruckende alte Buchen entlang des sogenannten Heuwegs, welcher schon früher von den Wüstener Bauern genutzt wurde, um Waren in die Stadt zu transportieren. Im Buchenwald zu Beginn dieses Wanderabschnittes blühen im Frühjahr zahlreiche Buschwindröschen. Ein Stück weiter des gut befestigten Weges ändert sich das Waldbild. Ehemals mit Fichten bestandene Flächen sind Trockenheit und dem Borkenkäfer zum Opfer gefallen. Kurz bevor wir die Waldkante erreichen, biegen die gekennzeichneten Wanderwege nach rechts ab. Über schöne Waldpfade erreichen wir den Aussichtspunkt „*Hühnerwiem*“ (4). Der Blick geht über über Felder und Wiesen nach Norden bis in das Wesergbergland und auf das Kaiser-Wilhelm-Denkmal in Porta Westfalica. Der Aussichtspunkt ist durch einen Stein markiert, den der „lippische Wandervater“ **Karl Bachler** dort aufgestellt hat.

Wer seine Wanderung an dieser Stelle um 2 km abkürzen möchte, dem bietet sich die Gelegenheit dem „Bumbam-Weg“ quer durch den Wald bis zur Asenquelle zu folgen. Hierbei handelt es sich um einen gut zu gehenden, geschotterten Forstweg. Dieser hat seinen wunderlichen Namen von den Wüstener Kirchgängern erhalten, da bereits von dort die Glocken der Schötmaraner Kilianskirche gehört werden konnten.

Hühnerwiem

Karl Bachler

Karl Bachler (1886–1976) war bis zu seinem Tode Vorsitzender des Verschönerungsvereins Bad Salzuflen. Er zeichnete Wanderwege aus, verfasste Wanderbeschreibungen und gründete 1934 die erste Wandergruppe in Lippe. Auch viele Wanderfernwege in Lippe gehen auf seine Initiative zurück. Der Fernweg X 4 – Karl-Bachler-Weg von Bad Salzuflen nach Loccum in Niedersachsen wurde aufgegeben. Heute gibt es den Karl-Bachler-Rundweg in Bad Salzuflen. An Bachler erinnert auch der Gedenkstein im Bad Salzufler Stadtwald.

Blick zur Porta Wesfalica

Unsere Route folgt weiter den gekennzeichneten Wanderwegen (1, X 9 und Karl-Bachler-Weg). Alternativ dazu führt direkt hinter der Bank ein schmaler, unbefestigter Pfad hinauf auf den Vierenberg, der hier wieder den X 9 erreicht.

Durch einen strukturreichen Mischwald geht es den Kamm des Vierenberges, dem X 9 folgend entlang bis in einen Waldabschnitt, der von einem dichten jungen Baumbestand geprägt ist. Die Bäume der aufgeforsteten Fläche stehen hier so dicht, dass es sich anfühlt, als passiere man einen Tunnel. Am Ende dieser Passage ändert sich das Waldbild und über den Wipfeln sieht man bereits den imposanten Bismarckturm thronen, vom dem aus sich eine fantastische Aussicht auf das Weserbergland im Norden und den Teutoburger Wald mit dem Hermannsdenkmal im Süden eröffnet. Bänke und ein Tisch auf der Lichtung am Bismarckturm bieten die Möglichkeit, eine Rast einzulegen. Der Turm wurde am 14. Oktober 1900 eingeweiht, zwei Jahre nach dem Tode Bismarcks.

Wer die Fernsicht von dem 18 Meter hohen Sandsteinturm genießen möchte, kann sich im 650 Meter entfernten *Bergrestaurant „Hollenstein“* (5) den Schlüssel ausleihen. Es ist jedoch wichtig, die eingeschränkten Öffnungszeiten zu beachten. Auch diejenigen, die ihre Wanderroute verlängern möchten, können bis zum Bergrestaurant Hollenstein laufen, von dessen Aussichtsterrasse ein toller Fernblick für die zusätzlichen 1,5 km entlohnt.

Der Bismarkturm

2. Etappe: Bismarckturm – Ausgangspunkt (3,0 km)

Hinter dem Bismarckturm führt ein schmaler, unbefestigter und nicht gekennzeichneter Pfad entlang einer ehemaligen Windwurffläche hinab. Die großflächige Narbe in der Landschaft, die der Sturm Kyrill 2007 hinterlassen hat, ist kaum mehr sichtbar. Wenn wir den Wanderweg am Waldrand erreichen, befinden wir uns wieder auf einer alten Handelsroute. Über den „Erderschen Weg" transportierten Salzufler Handelsleute einst ihre Waren bis zum lippischen Weserhafen Erder (heute Ortsteil der Gemeinde Kalletal).

Teich im Asental

Der geschlossene Wald öffnet sich im weiteren Verlauf der Wanderstrecke und gibt den Blick über Felder und Wiesen hinweg frei bis zum Bad Salzufler Stadtteil Schötmar. Am Waldesrand ist auf der linken Seite das Gut Ribbentrup zu sehen, welches sich bis in das Jahr 1333 zurückverfolgen lässt und auf dem sich heute ein Reiterhof befindet. Entlang der sonnigen Waldkante geht es im Mai an gelb blühenden Besenginsterbüschen vorbei sanft bergab.

Wenn die Waldkante auf der linken Seite aufhört, verlassen wir den Wanderweg 1 und gehen auf der rechten Seite wieder in den Wald hinein. Wir halten uns nach wenigen Metern links und laufen nun parallel zum Waldrand auf eine Hütte zu, die im Schatten mächtiger Buchen Wanderern Schutz bietet. Hier erinnert ein großer *Gedenkstein* (6) mit dem Zitat von Hermann Löns „Lass deine Augen offen sein, geschlossen deinen Mund, und wandle still, so werden dir geheime Dinge kund" an den „Lippischen Wandervater" Karl Bachler.

Von der Schutzhütte biegen wir nach rechts ab und gehen leicht bergab bis hinein ins Asental und erreichen, nach links abbiegend, die *Asenquelle* (7) unter imposanten alten Buchen. Die Ase mündet nach 1,8 km in die Salze. Obwohl dem Quellwasser der Ase lange Zeit heilende Kräfte zugeschrieben wurden, zeigen Untersuchungen jedoch, dass es dort nie „Heilwasser" gab. Heute ist die Asenquelle fast versiegt und schüttet nur noch wenig Wasser. Trotzdem dient sie als Lebensraum für Feuersalamander, die sich in feuchtwarmen Nächten mit etwas Glück dort beobachten lassen.

Das letzte Teilstück führt dem Wanderweg 1 folgend entlang des Asenbaches leicht abwärts bis zu einem idyllischen Teich. Früher wurde hier das Quellwasser aufgestaut und diente vielen Salzuflern bis in die 1950er-Jahre als Freibad. Heute ist der Teich renaturiert und bietet vor allem zahlreichen Amphibien einen geeigneten Lebensraum. Eine Bank unter den Kopfweiden, die einen Teil des Ufers säumen, lädt zu einer Rast ein. Von hier sind es auf unserer Route (Wanderweg 1) nur noch 750 Meter zu unserem Ausgangspunkt.

Altstadt Bad Salzuflen

Die Geschichte Bad Salzuflens ist eng mit den, die aus 1.300 Metern Tiefe gelegenen Salzlagern gespeist werden. Salzherstellung und Salzhandel führten zu bemerkenswertem Reichtum. Davon zeugen die Fachwerkhäuser und Gebäude im Stil der Weserrenaissance in der Altstadt. 1945 wurde die Herstellung des weißen Goldes eingestellt.

Schon zu Beginn des 19. Jahrhunderts wurde Bad Salzuflen zum Badeort im Binnenland, dank der Heilkraft der Sole. Am Ende des Jahrhunderts erlebte der Kurort einen großen Aufschwung. Bad Salzuflen gehörte zur Spitzengruppe deutscher Bäder. Ab 1914 durfte die Stadt den Namenszusatz Bad führen. Dazu trug auch bei, dass 1905/1906 der Leopold-Sprudel, die erste Salzufler Thermalquelle erbohrt wurde.

Eine besondere Attraktion sind die Gradierwerke. Dienten Sie früher der Konzentration der Sole zur Herstellung des Salzes, so nutzt man heute die durch das Herabrieseln entstehenden salzhaltigen Aerosole. Täglich bis zu 300.000 Liter herabrieselnde Sole an den mit Schwarzdornreisern aufgeschichteten Gradierwänden sorgen für ein Freiluftinhalatorium.

Historisches Rathhaus

Gradierwerk

Leopoldsprudel im Kurpark

Fachwerkensemble

2

Taller Bergrunde – sportlich, aussichtsreich, vielfältig!

Rainer Dubbert, Matthias Füller

Die 8 Kilometer lange Wanderung führt auf z. T. naturbelassenen Wegen überwiegend durch die bewaldeten Hänge rund um das Bergdorf Talle. Von den ackerbaulich genutzten Hochflächen ergeben sich weite Ausblicke in die umgebende Landschaft und auf das malerisch in den Talschluss eingebettete Dorf. Im Dorf lohnt sich ein Besuch des Berggartens und der Peterskirche.
Sportliche Wanderung auf teilweise rutschigen Wegen, daher sind Wanderschuhe empfohlen.

Start: Parkplatz in der Ortsmitte Talle an der Bushaltestelle Alter Krug
Alternativ: Parkplatz am Wichtelberg (Landwirtschaftlicher Weg „Im Hagen") an der Straße zwischen Osterhagen und Talle.
Start-/Zielkoordinaten:

- DG: 52.096337; 8.907337
- UTM: 32U 493652.300; 5771757.226
- w3w: ///feiern.mitbringen.ominös

Länge: 8,3 km
Höchster Punkt: 324 m üNN
Niedrigster Punkt: 210 m üNN
Gesamtaufstieg: 217 m
Wegbeschaffenheit:

- Naturnahe Wege: 4,5 km (54 %)
- Befestigte Wege: 1,4 km (17 %)
- Asphalt/Pflaster: 2,4 km (29 %)

Markierung: Taller Bergrunde
Parken: Parkplatz in der Ortsmitte Talle
ÖPNV: Buslinie 885, Haltestelle Kalletal Talle-Alter Krug; Stadtbus Lemgo Linie 5, Talle-Alter Krug
Einkehrmöglichkeiten: keine

Der Weg ist als Entdeckertour vom Deutschen Wanderverband zertifiziert. Einen Film zum Weg gibt es bei youtube: https://www.youtube.com/watch?v=cHhryC_-7eI.

Bergdorf Talle

1. Etappe: Kirche Talle – Traumquelle (2,4 km)

Taller Berg-runde

Vom Parkplatz in der Ortsmitte aus geht es bergauf durch den *Berggarten* (1) und an der Peterskirche vorbei. Über die Himmelsleiter erreichen wir die Straße Albernberg, halten uns links und erreichen über einen schönen Feldweg nach 200 Metern den eigentlichen Rundweg. Ein Wegweiser zeigt beide Richtungen mit Entfernungsangaben an. Wir entscheiden uns für den Pfad nach links, der über einen Geländesattel zwischen Papenberg und Albernberg nach Süden und dann durch Buchenhallenwald nach Westen in Richtung Eichhof führt. Der auffällige Salbei-Gamander in den Säumen der Wegränder weist daraufhin, dass wir uns im Wuchsbereich saurer Buchenwälder befinden. Nach der Querung einer Straße lockt eine Bank am Waldrand. Von hier ergibt sich ein erster Blick über das in das Tal des Baches Talle geschmiegte Bergdorf.

Weiter geht es durch Buchenwald mit mächtigen, höhlenreichen Bäumen, bis uns der Weg hinunter zum Eichhof führt. Der ursprünglich im Dorf gelegene Hof wurde 1883/85 aufgrund des Platzmangels in dieses schöne Tal verlegt und entwickelte sich zu einer beliebten Ferienpension. An einem Fischteich und an Pferdeweiden vorbei führt der nun asphaltierte Weg stetig ansteigend hinauf auf die offene Feldflur. Über einen schmalen grasbewachsenen

Berggarten mit Petruskirche

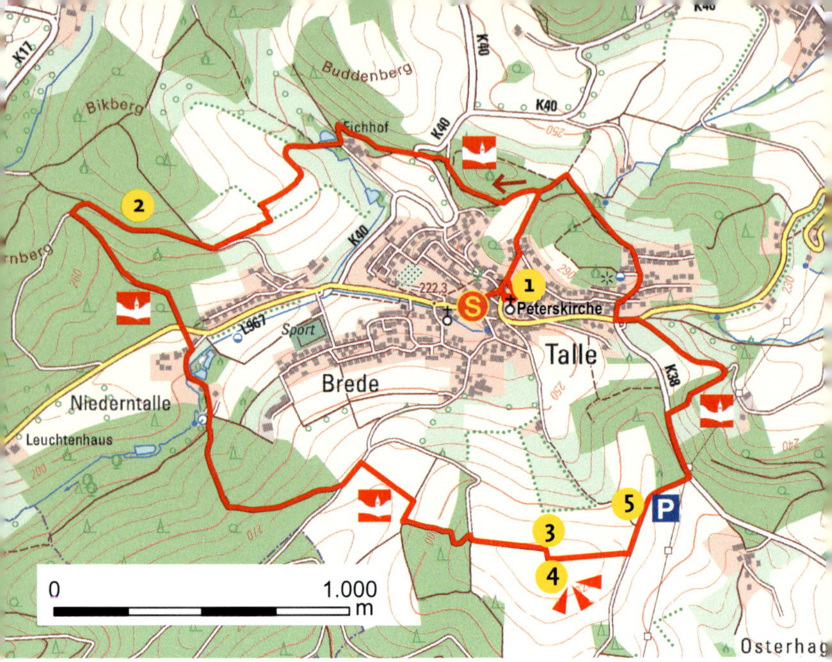

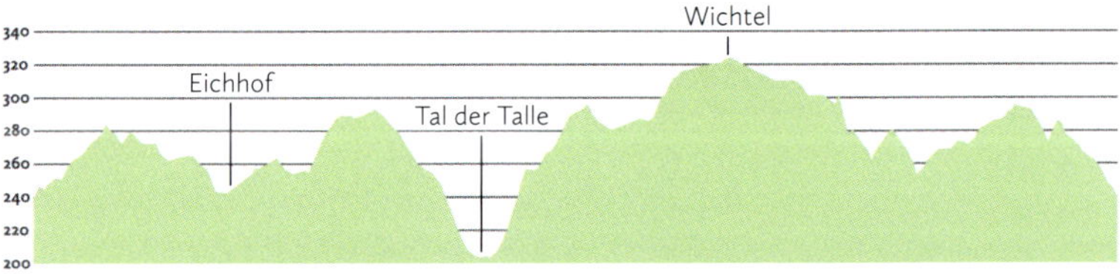

Rain erreichen wir eine wallartig ausgebildete Feldhecke, die wir an einem Durchlass passieren. In dem jenseits liegenden kleinen Feldgehölz steht eine mächtige Eiche. Unterhalb bietet sich von einer auf einer Terrassenkante stehenden Wanderliege ein schöner Blick auf das 1221 erstmals erwähnte Dorf.

Dem Grasweg weiter nach Westen folgend erreichen wir an jungen Obstbäumen und einer Hecke entlang gehend die ausgedehnten Mischwälder am Südhang des Bikberges. Der Reichtum an Blaubeeren, der dem Berg seinen Namen gab, ist allerdings nur noch rudimentär vorhanden. Ein Forstweg führt in den Wald hinein. Etwa 250 Meter vom Waldrand entfernt sollte man das rechts stehende kleine Hinweisschild zur versteckt am Wegesrand liegenden *Traumquelle* (2) beachten. Der Name bezieht sich auf eine Sage nach der Johann von Groten, Besitzer des 1605 in den Kreis der lippischen Rittergüter aufgenommen Gutes Niederntalle, am Hang des Bikberges ein Haus bauen wollte. Bei der genauen Standort-

Landschaftsliege an der Taller Bergrunde

wahl half ihm seine Frau, die im Traum unter einer Buche eine Quelle gesehen hatte. Das Haus an dieser Traumquelle, das „Obere Bikhaus", hat es tatsächlich gegeben. Es wurde nach 1945 abgerissen. Der ungefähre Standort der Quelle, aktuell passenderweise wieder unter einem umgestürzten Buchenstamm/ Wurzelteller, ist noch vorhanden. Allerdings führt sie – wie so viele Quellen in Lippe – kaum noch Wasser.

2. Etappe: Traumquelle – Wichtel (2,7 km)

Über breit ausgebaute Forstwege wandern wir dann in einem bewaldeten Taleinschnitt hinab zum Tal der Talle.

Wir queren die Taller Straße, nutzen kurz den ausgebauten Fuß- und Radweg (Vorsicht!) und wandern am ehemaligen Rittergut Niederntalle vorbei. Dort wo links des Weges ein von Rohrkolben-Röhricht bestandener Teich liegt, überqueren wir die Talle. Der altsächsische Name geht evtl. auf „Tal aha" zurück und charakterisiert ein rasch fließendes Gewässer. In ihrem weiteren Verlauf fließt die Talle zuerst nach Westen in Richtung Kirchheide, biegt dann aber nach Süden und mündet unterhalb von Matorf in die Ilse.

Noch um 1900 wurde der Bach zum Flößen der Wiesen in der Talaue genutzt (Düngen durch Überflutung). Da es aber bereits früher durchaus Zeiten mit geringer Wasserführung gab, wurden zum erwähnten Flößen, aber auch zum Betrieb von 3 Mühlen Stauteiche angelegt, damit in trockenen Zeiten weiter gemahlen werden konnte. Der Errichtung der Mühlen ging eine lange Auseinandersetzung voraus, da die Bewohner von **Talle** ihr Korn ursprünglich in Lemgo an der Steinmühle mahlen lassen mussten.

Die Mühlteiche wurden natürlich auch als Fischteiche genutzt. In den 1930er Jahren wurde in einem dieser Teiche die erste Badeanstalt des Dorfes eingerichtet. Allerdings war das Badevergnügen aufgrund der Belastung der Talle durch die Abwässer des oberhalb liegenden Dorfes in wahrstem Sinne des Wortes getrübt und von kurzer Dauer. In den Teichen des bereits erwanderten Eichhofes war die hygienische Situation besser – allerdings war hier das Badevergnügen vorwiegend den Pensionsgästen vorbehalten.

Waldrandweg am Bonstapel

Blick hinüber zur Windmühle von Bavenhausen

Hinter dem Gutsgelände erreichen wir wieder ein großes Waldgebiet. Wir verlassen den breiten Forstweg und folgen einem von hohlwegartigen Böschungen begleiteten Pfad, der uns durch Buchenwald mit einzelnen mächtigen Douglasien stetig bergauf führt. Der immer schmaler werdende, z. T. leicht vernässte Pfad führt, nachdem wir rund 85 Höhenmeter bewältigt haben, in die offene Feldflur. Wir befinden uns nun am Südrand des Taller Tales genau gegenüber der am jenseitigen Talrand sichtbaren markanten Eiche bei der Aussichtsbank. Über Talle hinweg können wir den Verlauf unseres Wanderweges nachvollziehen.

Schon bald führt uns rechts ein Grasweg weiter bergauf durch Ackerland und in einem Steilanstieg durch ein Feldgehölz mit jungen Birken, Holunder und Salweiden bis hinauf auf eine 320 Meter hohe ackerbaulich genutzte Hochfläche mit der Flurbezeichnung „Auf dem Steinhaufen". Mit jedem Schritt öffnet sich nun zunehmend eine Panorama-Aussicht vom Bonstapel im NW über das Kaiser-Wilhelm-Denkmal an der Porta bis hin zur Schaumburg auf dem Wesergebirge. Eine *Panoramatafel* (3) des Weges der Blicke, auf dem wir uns hier befinden, hilft bei der Orientierung. Vom nächstem in unmittelbarer Nähe gelegenen Aussichtspunkt, dem **Taller Wichtel** (4), ergibt sich ein freier Blick nach Süden auf die Kammlinie des Teutoburger Waldes. Mitglieder des Heimatvereins Talle haben sich die Bezeichnung Wichtel überlegt und eine Wichtelskulptur mit Spitzhut aufgestellt. Wir bewegen uns hier auf dem „Weg der Blicke" und hier wird klar, dass dieser Name mehr als berechtigt ist. Blicke in alle Richtungen gibt es reichlich, vom Wichtel auf die Porta, das Wiehengebirge im Norden und natürlich

Panoramatafel am Weg der Blicke

Weg der Blicke

den Teutoburger Wald im Süden. Der 137 Kilometer lange Rundweg „Weg der Blicke“, führt um die lippischen Gemeinden Extertal, Kalletal, Dörentrup und Barntrup.

3. Etappe: Wichtel – Peterskirche / Ausgangspunkt 3,2 km

An der folgenden T-Kreuzung biegen wir links ab und können hangabwärts einen Blick auf die in großem Abstand voneinander errichteten mittelalterlichen Hofanlagen der 1339 erstmals urkundlich erwähnten Rodungssiedlung Osterhagen werfen. Kaum zu glauben, dass diese östlich von Talle liegende Hagensiedlung bis zur Kommunalreform von 1970 die zweitkleinste selbstständige Gemeinde im heutigen Lippe war!

Am *Wanderparkplatz* (5) (alternativer Einstiegsort) informiert eine Wandertafel über Wandermöglichkeiten im Kalletal, auch über den Wichtelsteig, einem GPS-Pfad insbesondere für Kinder und Familien. Diesem Wichtelsteig folgt jetzt auch die Taller Bergrunde. Ein schmaler Fußpfad führt, z. T. laubengangartig von Gebüsch überwallt, durch junge Vorwaldstadien hinunter zur Straße Osterhagen. Die steilen Böschungen werden durch Treppenstiegen überwunden. Auf der anderen Seite führt der Pfad hangabwärts und folgt dann kurz einer parallel zur Straße verlaufenden Terrasse, die den Verlauf der alten Wegeverbindung von Talle nach Osterhagen markiert. Zwei auf der Böschungskante stehende, aus mehreren Stämmen zusammengewachsene, mächtige Buchen sind Reste der ehemals die Straße begleitenden Gehölze. Kappungsschnitte in 1,5 Metern Höhe weisen auf die lang zurückliegende letzte Pflege hin. Die Stockausschläge haben sich inzwischen zu mächtigen Stämmen entwickelt. Dichte Dor-

4. Taller Wichtel

Oberhalb des schönen Bergdorfes Talle, auf 324 Metern gelegen, bietet der Wichtel einen einzigartigen Aussichtspunkt zu zwei Denkmälern.
Schaut man in die eine Richtung des Kunstwerkes, eröffnet sich der Blick zum Hermannsdenkmal, schaut man in die entgegengesetzte Richtung, hat man die Porta Westfalica mit dem Wiehengebirge im Blick.
Zur Geschichte der Skulptur: Heinz Osterhage, ein begeisterter Wanderer, brachte die Idee aus beruflicher Zeit im ehemaligen Jugoslawien mit. Der Heimat- und Verkehrsverein Talle nahm die Idee auf. Die ursprünglich aus Stein geplante Konstruktion fand keine Genehmigung, so dass letztendlich eine 110 Jahre alte Lärche den Grundstock bildete, den der Holzwerker Werner Korzen ursprünglich für eine Bank vorgesehen hatte. Den ungewöhnlichen Namen hat der Baumstamm übrigens einem interessierten Nachbarn zu verdanken, der sich über den Stand der Fertigstellung mit der Frage: „Was macht dein Wichtel?“ informieren wollte.

Einstieg in den Wichtelsteig

nengebüsche mit inselartig aufkommenden Eschen und vereinzelten älteren Obstbäumen weisen darauf hin, dass der unterhalb liegende Hang des Hollberges ehemals beweidet wurde. Trotz der Nähe der Straße vermittelt der grasbewachsene Pfad das Gefühl, sich durch eine Wildnis zu bewegen. Kurzfristig öffnet sich der Blick nach Nordosten. Hinter Hohenhausen mit dem auffälligen Schornstein der Ziegelei erheben sich die bewaldeten Hänge von Wihupsberg und des durch die Windräder kenntlichen Rafelder Berges, der höchsten Erhebung im Kalletal. Weiter im Osten reicht der Blick über das breite Tal der Lennebeeke bis zum Heidelbecker Knick, der Wasserscheide zwischen Kalle- und Extertal.

Dann beginnt der schwierigste Teil der Wanderung. Der hier bei starkem Laubfall im Herbst schwer zu erkennende, rutschige Pfad führt steil hinab durch einen schmalen Buchen-Hallenwald. Mit seinem Totholz-Reichtum, den mächtigen Stieleichen und bizarr gewachsenen Hainbuchen am Waldrand weicht dieser kleine Bauernwald von den planmäßig bewirtschafteten großflächigen Wäldern ab und ist gerade deshalb so vielfältig. An einem breiten Feldweg verlassen wir den Wichtelsteig und folgen einem Erdweg an der südlichen Seite eines von Grünland geprägten Tales in Richtung Talle. Wer im späten Herbst hier spazieren geht, sollte unbedingt die leckeren Birnen („Gräfin von Paris“) probieren, die in der Obstbaumreihe auf der auffälligen Böschungskante am Wegesrand stehen.

Froschkönig am Dorfplatz

Kurz vor dem Ort müssen wir dann etwa 60 Meter an der Straße „Am Südholz" entlang gehen, bis zur Bushaltestelle „Am Albernberg" mit einer auffälligen Wichtelskulptur. Durch die Siedlung am Bontrott geht es dann hinauf bis zur Waldkante am Nordrand des Albernberges. Dort wandern wir mit Blick auf Westorf immer an der Grenze zwischen Wald und Offenland, an alten von Gebüsch überwucherten Mergelkuhlen vorbei und erreichen wieder den Stichweg, den wir bergab zu unserem Ausgangspunkt zurückgehen.

Bergdorf Talle

Das Wahrzeichen des Bergdorfs Talle ist die Peterskirche, deren frühromanischer Kirchturm aus dem 11. Jahrhundert stammt. Die doppelschiffige, spätgotische Hallenkirche wurde 1482 – 1492 erbaut.

Der Name Talle leitet sich vermutlich vom keltisch-germanischen Wort Tala ab, das Wasser bedeutet. Eine erste urkundliche Erwähnung ist im Vertrag der Äbtissin Gertrud von Herford mit dem Grafen von Ravensburg in einer Urkunde vom 15. Mai 1221 zu finden.

Das Dorf entwickelte sich im Laufe der Jahrhunderte sehr langsam und kam über einige wenige Höfe in der Nachbarschaft der Peterskirche nicht hinaus. Erst Ende des 18. Jahrhunderts fand eine erkennbare Vergrößerung des Ortes statt. Ein regelrechter Bauboom setzte in den 50 und 60er Jahren dieses Jahrhunderts ein, vor allem in Folge des durch den Zweiten Weltkrieg verursachten Flüchtlingsstromes aus dem Osten. Es entstanden neue Siedlungen, Betriebe siedelten sich an, der Fremdenverkehr wurde zu einem wichtigen Gewerbezweig.

Heute sind die zahlreichen Geschäfte und Betriebe in der momentan 1150 Einwohner zählenden ehemals selbstständigen Gemeinde (seit 1969 ein Ortsteil der Gemeinde Kalletal) weitgehend verschwunden. Talle wurde zu einem liebenswerten „Schlafdorf".

Grenzwanderung über die Extertaler Randhöhen

Helmut Depping, Matthias Füller

Diese Wanderung führt in den siedlungsarmen Grenzbereich im lippischen Nordosten. Da die ehemals ausgedehnten Wälder über Jahrhunderte gerodet wurden, ergeben sich von den bis über 300 Meter ansteigenden Höhenzügen schöne Ausblicke auf die Weseraue und das lippische Bergland. Waldgeschichtlich interessant sind die Niederwaldgesellschaften an den Steilhängen des Rinnenberges.

Start: Wanderparkplatz Rott, Siegfried-Helbich-Straße 1, 32699 Extertal (am Ferienpark Rott)
Start-/Zielkoordinaten:
- DG: 52.134339; 9.125681
- UTM: 32U 508602.216; 5775987.398
- w3w: ///angeschlagene.ernennen.angeregte

Länge: 10,3 km
Höchster Punkt: 290 m üNN
Niedrigster Punkt: 140 m üNN
Gesamtaufstieg: 210 m
Wegbeschaffenheit:
- Naturnahe Wege: 4,5 km (42 %)
- Befestigte Wege: 3,0 km (29 %)
- Asphalt/Pflaster: 3,0 km (29 %)

Markierung: Kasselweg und Rotter Runde.
Parken: Wanderparkplatz Rott, Siegfried-Helbich-Straße 1, 32699 Extertal,
ÖPNV: Buslinie 805, Haltestelle Rott Ferienpark; ALF (AnrufLinienFahrt) Tel.: 05261/ 6 67 3950 (Anmeldung eine Stunde vor der Abfahrt)
Einkehrmöglichkeiten: keine

Kasselweg

Rotter Runde

Die Wanderung folgt zunächst dem Kasselweg, später wechseln wir dann auf das Blumensymbol der Rotter Runde. Der Weg ist nicht auf der Wanderkarte Nordlippisches Bergland enthalten.

Ausgangspunkt ist der Wanderparkplatz bei der Feriienhaussiedlung in Rott. Im Wandergebiet sind an vielen Stellen Karten angebracht worden, die die Orientierung erleichtern. Eine Übersicht über die Wege im Extertal und auch Karten enthält die Broschüre von Extertal-Marketing, die an den Wanderparkplätzen in kleinen Kästen deponiert ist.

Blick auf Bremke

1. Etappe Parkplatz Ferienpark Extertal in Rott – Grill-Schutz-Hütte Volksen (4,6 km)

Hier folgen wir dem mit einer Schlüsselblume ausgezeichneten Kasselweg. Das erste kurze Teilstück bis ins Tal ist asphaltiert. Im Tal des Kasselbaches wenden wir uns sofort links auf einen Grasweg, der zum Nordhang des Rinnenberges führt. Auf einem schmalen Pfad erreichen wir die auf dem Bergrücken liegenden Ausläufer des Feriendorfes. Hier windet sich der von Wurzeln durchzogene Weg zwischen am Waldrand wachsenden alten Hainbuchen hindurch, bis er schließlich durch Buchen-Hallenwald steil wieder hinunter in das Tal führt. Am Waldrand verläuft das tief ausgewaschene Bett des Kasselbaches. Obwohl der Oberlauf in der Regel Wasser führt, ist das Bachbett in diesem Bereich zumeist trocken, da das Wasser in den klüftigen Mergeln des hier anstehenden Steinmergelkeupers versickert und erst kurz vor der Mündung in den Bremker Bach wieder zu Tage tritt.

Niederwaldwirtschaft am Rinnenberg

Bis etwa 1920 wurde hier in 40-jährigen Rhythmen Brennholz geschlagen und Eichenrinde geschält. Drei senkrecht in den Westhang gegrabene „Rinnen", die zum Holztransport genutzt wurden, gaben dem Berg seinen Namen. Aus den Stockausschlägen entstanden wärmebegünstigte, niedrige Wälder (Name!), in die mit der Elsbeere eine süd- und mitteleuropäische Baumart einwandern konnte. Mit über 400 Elsbeeren beherbergt der an der Verbreitungsgrenze der Art gelegene Rinnenberg das größte Vorkommen in der Region. Zur Erhaltung der Artenvielfalt wurde auf einer kleinen Teilfläche in Zusammenarbeit von Biologischer Station und NABU Lippe die historische Nutzung wieder aufgenommen.

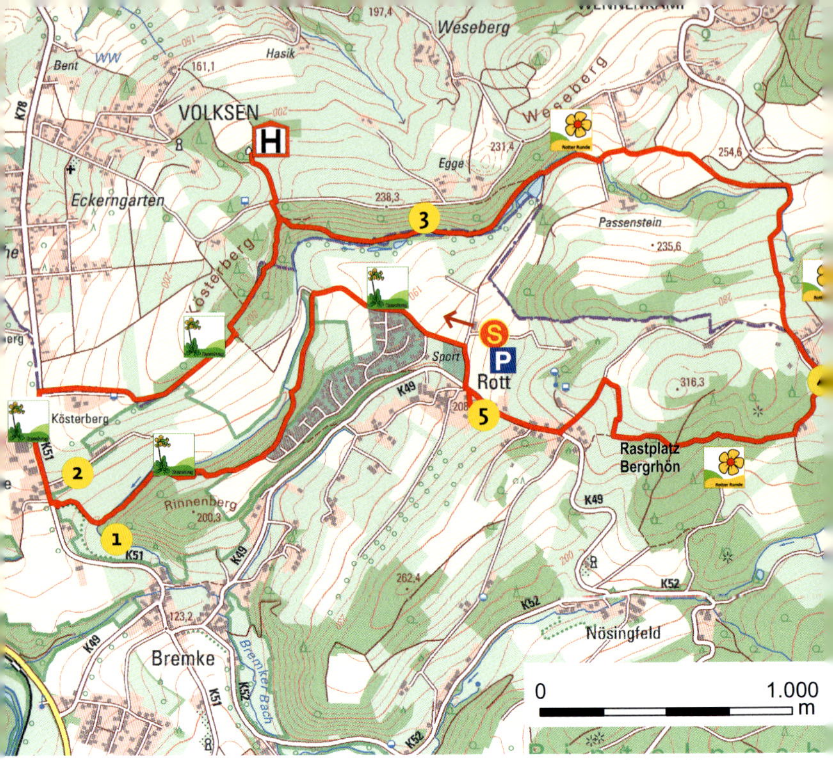

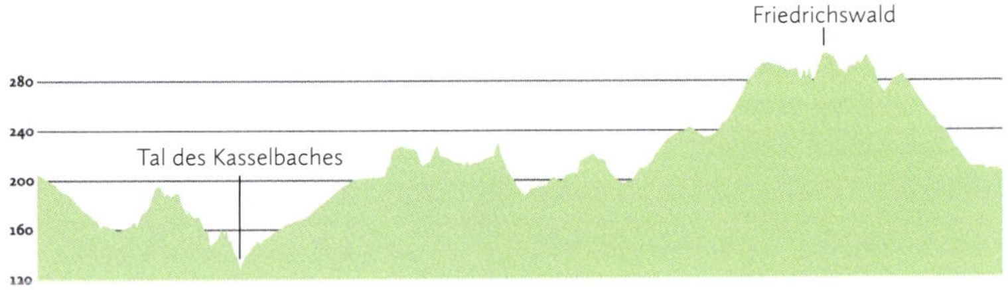

Dort, wo unser Wanderweg über eine „Furt“ aus dem Wald herausführt, ändert sich an einem Geländesporn der Charakter des Waldes. Hier beginnen die den Westhang des Rinnenberges bedeckenden **Niederwaldgesellschaften** (1). Auf den flachgründigen steilen Hängen blühen im Frühjahr zahlreiche Duftende Schlüsselblumen, Schwarze Teufelskrallen und auch das Mannsknabenkraut. Der nun an einer breiten Hecke entlang führende Wiesenweg quert die Aue und erreicht steil ansteigend die **Bremker Straße** (2). Entlang der befahrenen Straße müssen wir nun an einem Milchviehbetrieb (auf der anderen Straßenseite) vorbei auf die Randhöhen der Weseraue hinauf wandern. Wer schon außer Atem gekommen ist, kann sich auf dem Hof mit Milchprodukten versorgen.

Mannsknabenkraut am Rinnenberg

Westhang des Rinnenberges

Nach etwa 200 Metern biegen wir rechts auf einen landwirtschaftlichen Weg ein und haben nun von der Anhöhe des Kösterberges einen freien Blick auf die Heidelbecker Höhen und über die Weseraue hinweg auf das Wesergebirge. Im Nordwesten sind das Kaiser-Wilhelm-Denkmal an der Porta Westfalica und der Fernsehturm zu erkennen. Oberhalb der Stadt Rinteln ist auf den Höhen der Weserberge der Aussichtsturm auf den Luhdener Klippen und rechts davon die auffällige Konstruktion des zur Expo 2000 errichteten Aussichtsturmes „Steinzeichen“ bei Steinbergen sichtbar.

Unser Weg verläuft nun parallel zur **Kreisgrenze** (3), die hier zugleich Landesgrenze zwischen NRW und Niedersachsen ist. Wir wählen die geradeaus führende Variante des Kasselweges, die auf einem Fußpfad am Südrand der bewaldeten Kuppe des Kösterberges entlang führt. Von hier aus ergibt sich ein schöner Blick zurück in das Nordlippische Bergland und auf die jenseits des Tales liegenden lang gestreckten Bergrücken des Rinnenberges und des dahinter sichtbaren Saalberges. Auch **Rott** und der Steinkamp, um den wir herum wandern werden, sind bereits zu sehen.

2. Bremker Straße / Alte Kasseler Landstraße

Der Übergang über die „breede Beeke“, den breiten Bach, war ein Verkehrsknotenpunkt. Durch Bredenbeeke (= Bremke) führte die „Bremer Straße“, eine der bedeutenden frühen Nord-Süd-Handelsverbindungen. Da hier von 1737 bis 1803 auch die Postkutschenverbindung von Kassel nach Rinteln verlief, wurde der Weg auch als „Hessische Poststraße“ oder „Kasseler Straße“ bezeichnet. Wegen der starken Steigung waren die Bremker Bauern zu Vorspanndiensten verpflichtet. Ein idealer Ort zur Einrichtung einer Schankwirtschaft: 1760 erhielt der leider nicht mehr bewirtschaftete Bremker Krug das „Krugrecht“.

3. Grenze/Kasselbeeke

Die Kasselbeeke (Kasselbach) bildet in ihrem Oberlauf die Grenze zwischen dem 1648 an Hessen-Kassel gefallenen Teil der Grafschaft Schaumburg und der damaligen Grafschaft Lippe. Der Verlauf der bis heute gültigen Grenze zwischen dem niedersächsischen Landkreis Schaumburg und dem Kreis Lippe ist durch im 18. Jahrhundert gesetzte, zylindrische Grenzsteine aus Obernkirchner Sandstein markiert.

Der von Traubeneichen und Kiefern dominierte Wald und der angrenzende Saum, in dem vereinzelt im Spätsommer die Besenheide blüht, weisen darauf hin, dass die höchsten Erhebungen in diesem Landschaftsraum von Sandsteinen des Oberen Keupers gebildet werden. Nur Bodensäure und Nährstoffarmut ertragende Pflanzen können hier wachsen. Die etwa 20 Meter unterhalb des Waldrandes beginnenden Äcker liegen bereits im Bereich fruchtbarer Böden über Keupermergeln.

Kösterberg Südhang – Grenzstein aus Obernkirchner Sandstein

An einer Waldkante kann man über die bergabführende Variante des Kasselweges schnell wieder den Ausgangspunkt der Wanderung erreichen. Wer noch genügend Kondition und Zeit hat, sollte die dem Grenzverlauf folgende, **bergauf führende Variante** des Kasselweges wählen, die wenig später wieder hangparallel durch eichenreichen Mischwald

Rastplatz Bergröhn

mit Ilex-Unterwuchs führt. Mit dem Übergang zur geologisch älteren Schicht des Steinmergelkeupers dominiert nun zunehmend die Buche. Die basenreichen Mergel wurden früher in einer links des Weges noch sichtbaren Grube abgebaut und zum Düngen auf die Felder gefahren. Dabei wurden auch Pyrite („Katzengold“) und Drusen mit kleinen Quarzkristallen gefunden, die hier – jenseits der Grenze – nicht als „Lippische“, sondern als „Schaumburger Diamanten“ bezeichnet werden.

Kurz bevor wir den Waldrand auf der Höhe erreichen, führt der Kasselweg steil rechts in das Tal hinab. Wer mag kann aber noch bis zum Waldrand gehen und einen Abstecher zur etwa 200 Meter entfernten Grillhütte auf den Höhen über Volksen machen, um von hier noch einmal den Ausblick auf das Wesertal zu genießen.

2. Etappe Grill-Schutz-Hütte Volksen – Rast- und Spielplatz Friedrichswald (3,5 km)

Wieder zurück führt uns der Kasselweg durch Buchenwald und abgestorbene Fichtenbestände wieder hinunter in das Tal. Bald ist der an der Grenze zwischen Wald und Grünland verlaufende Kasselbach zu sehen, dessen Verlauf hier identisch mit der Kreisgrenze ist. Unser Waldpfad verläuft nun dem Hinweisschild zur Rotter Runde folgend, parallel zum Bach leicht erhöht im Talgrund und kann bei Regenwetter recht schlammig werden. Verblüffend ist im Frühjahr der Kontrast des hier im Oberlauf munter murmelnden Bächleins, im Vergleich zur trockenen Furt am Rinnenberg. Immer dem Bach folgend führt der Weg an mehreren, z. T. aufgegebenen Teichanlagen vorbei.

Dann verlassen wir den Wald (und das lippische Kreisgebiet) und wandern nun auf die ersten Häuser von **Wennenkamp** zu. Der Name der Siedlung geht auf die lippische Adelsfamilie De Wend (Kamp de Wende) zurück. Vor dem ersten Haus folgen wir dem Zeichen der Variante Rotter Runde nach rechts auf einen unbefestigten Feldweg, der durch landwirtschaftlich genutzte Flächen allmählich hinauf auf die Ausläufer des Rintelnschen Hagens führt.

An der nächsten Wegekreuzung biegen wir rechts ab und beginnen mit dem Aufstieg nach **Friedrichswald** (4).

Oben auf der Höhe haben wir wieder die lippische Grenze erreicht. Von hier ist über Wennenkamp hinweg im Nordosten das große Waldgebiet des Taubenberges und des Rumbecker Berges zu sehen. Wir folgen der links am Ortsrand entlang führenden Straße und erreichen einen Rast- und Spielplatz mit einer Schutzhütte. Ein kleines Stück weiter weist ein Informationsschild auf die Flurbereinigung der Jahre 2013-2020 hin, bei der durch Grenzverlegung Unklarheiten bei der Zuständigkeit der Straßenunterhaltung beseitigt wurden.

4. Allmähliche Waldrodung im Grenzgebiet

Die ersten Siedlungen im Gebiet entstanden in den fruchtbaren Tal- und Muldenlagen (Bremke und Wennenkamp vor 1390). Das höher liegende Rott (tom Raden = zum Roden) wurde erst später auf schlechteren, bewaldeten Böden angelegt. Ab 1780 strebte Landgraf Friedrich II. zu Hessen-Kassel mit der Gründung von Friedrichshöhe und Friedrichswald eine weitere „Kolonisierung“ der bis dahin von den Schaumburger Grafen bevorzugt als Jagdgebiet genutzten Waldregion an. Noch nach 1881 entstanden nach dem Verkauf des Rintelschen Hagens an ein belgisches Bankhaus auf dem Steinkamp und dem Saalberg Neusiedlerstätten auf ehemaligem Wald-boden. Das hatte natürlich auch Konsequenzen für die Tierwelt. Der letzte frei lebende Rothirsch im Rintelner I lagen wurde 1885 geschossen.

3. Etappe Rast- und Spielplatz Friedrichswald – Ausgangspunkt (2,4 km)

Hinter dem Rastplatz führt ein asphaltierter Weg „Kiepenböhn“ bis zu einem restaurierten Fachwerkhaus. Die Rotter Runde folgt dann z. T. dem „Alten Schulweg“, der an der Waldkante entlang und dann weiter durch artenarmen Buchenhallenwald führt. Über die Landesgrenze hinweg mussten früher die Friedrichswalder Kinder teilweise auf diesem Weg durch den „dunklen“ Wald zur Schule in das lippische Rott gehen.

Magerwiese am Bergröhn mit Kleinem Sauerampfer

Schließlich erreichen wir über einen von Hecken gesäumten Weg die Magerwiesen am Südhang des **Bergröhns**. Über die steil abfallenden Hänge ergibt sich von einem netten Rastplatz aus ein weiter Blick in das nordlippische Bergland hinein. Der Name „Rhön" erinnert an die gleichnamige Landschaft in Hessen und Bayern. Er bedeutet so viel wie „steiniges Land", weist also wie der benachbarte „Steinkamp" auf extrem flachgründige Böden hin. Entsprechend arten- und blütenreich sind die hier wachsenden Magerwiesen. Die ehemals ausgedehnten Thymianbestände sind zwar deutlich rückläufig, aber Kleines Habichtskraut, Rundblättrige Glockenblumen, Kleiner Sauerampfer und viele andere Blütenpflanzen sorgen für jahreszeitlich immer wieder wechselnde rötliche, gelbe oder blaue Farbtupfer. Der botanische Reichtum ist auch durch den Übergangscharakter an der Schichtgrenze zwischen den sauren Gesteinen des Oberen Keupers und dem darunter liegenden basenhaltigen Steinmergelkeuper begründet.

Weiter geht es der Rotter Runde folgend nun nicht bergab zur unten im Tal am Ortsrand von Rott liegenden alten Schule, sondern erst ein wenig bergauf über Grasland an Hecken entlang zum Steinkampweg und von dort hinab nach **Rott** (4). Nun heißt es wieder vorsichtig zu sein. Über 170 Meter müssen wir der befahrenen Rottstraße folgen, bis uns rechts ein Hinweisschild zurück zum Wanderparkplatz führt.

Grasweg im Tal der Kasselbeeke

Rund um den Schwelentruper Talkessel – Burg Sternberg

Helmut Depping, Matthias Füller, Johannes Kopel-Varchmin, Bernd Mühlenmeier

Halbkreisförmig durch bewaldete Bergrücken abgeschirmt erinnert das nach Südwesten hin abfallende Schwelentruper Becken an ein gigantisches Amphitheater. Bei der Wanderung durch die reich gegliederte Kulturlandschaft bieten sich immer wieder grandiose Ausblicke.

Start: Parkplatz an der Burg Sternberg
Start-/Zielkoordinaten:
- DG: 52.053296; 9.049759
- UTM: 32U 503411.924; 5766967.141
- w3w: ///angegeben.fruchtsaft.angehören

Länge: 11,7 km
Höchster Punkt: 396 m üNN (Plattform auf dem Steinberg)
Niedrigster Punkt: 170 m üNN
Gesamtaufstieg: 290 Meter
Wegbeschaffenheit:
- Naturnahe Wege:6,0 km (51 %)
- Befestigte Wege: 4,2 km (36 %)
- Asphalt/Pflaster: 1,5 km (13 %)

Markierung: siehe Karte
Parken: Parkplatz an der Burg Sternberg, Sternberger Str. 52, 32699 Extertal
ÖPNV: Buslinie 802 Lemgo – Bösingfeld, Haltestelle Ext-Linderhofe, Burg Sternberg
Einkehrmöglichkeiten:
- Hotel zur Burg Sternberg, Sternberger Str. 37, 32699 Extertal (05262/ 94 40)
- Forellenhof, Duxenberg 9, 32694 Dörentrup (05265/ 9 49 00) (nicht direkt am Weg)

Startpunkt der 11,5 Kilometer langen Wanderung ist der Parkplatz der in 334 Metern Höhe auf einem Bergsporn errichteten **Burg Sternberg**. Am Wochenende kann man die Besichtigung mit einer Einkehr zu Kaffee und Kuchen kombinieren. Unabhängig davon sollte man die Burg unbedingt auch auf dem Weg über die vorgelagerten Wälle umrunden, da nur so die strategische Lage über den steil abfallenden Berghängen deutlich wird. Besonders schön ist der Nordhang, wenn hier

Eingangsbereich Burg Sternberg

A4

im Frühjahr die rot-weißen Blütenteppiche des Lerchenspornes ihre volle Pracht entfalten.

Die eigentliche Wanderung beginnt an der Treppe links vor dem Burgtor. Über sie gelangen wir zu einem Fußpfad (örtlicher Wanderweg A 4 und Burgensteig X 2), der in Windungen durch einen stark aufgelichteten Buchenwald mit dichter Naturverjüngung den Steilhang hinunter führt. Auf der sanfter abfallenden Hangschulter geht es (dem A 4 folgend, der X 2 biegt nach rechts ab) geradeaus in südwestliche Richtung durch artenarmen Buchen-Hallenwald mit einzelnen älteren Douglasien, die durch ihre schwammige Borke auffallen. Über eine Geländekante erreichen wir das Tal des Eselsbaches. Nach links führt unsere hier asphaltierte Route leicht bergab, bis wir kurz vor dem Forsthaus auf die Zeichen des NABU-Naturlehrpfads stoßen. Die Wanderoute, der wir auf den nächsten Kilometern folgen, führt hier vor einem Stauteich nach links und gleich wieder nach rechts. Rechts in einem Waldstück ist die *Aussichtsplattform* (1) eines Geheges für asiatische Sika-Hirsche nicht zu übersehen. Der NABU-Lehrpfad verläuft entlang des Geheges und dann zum kleinen Kurpark von Schwelentrup mit großem Kinderspielplatz.

Wälle der Burg Alt Sternberg

Burg Sternberg / Alt-Sternberg

Von der um 1080 errichteten Burg Alt-Sternberg sind keine Gebäudereste erhalten, da erst die im Zuge der Teilung der Grafschaft Schwalenberg erbaute neue Burg Sternberg als Steinbau ausgeführt wurde. Über die ursprünglichen Bewohner von Alt Sternberg ist nichts bekannt. Heinrich der 1. von Schwalenberg gründete die urkundlich ab 1252 belegte neue Burg und führte seitdem den Namen Graf von Sternberg. 1377 verkaufte der letzte Graf von Sternberg seinen Besitz an die Schaumburger. Durch Verpfändung fielen Burg und Grafschaft 1405 an die Edelherren zu Lippe, in deren endgültigen Besitz sie im Jahre 1788 überging.

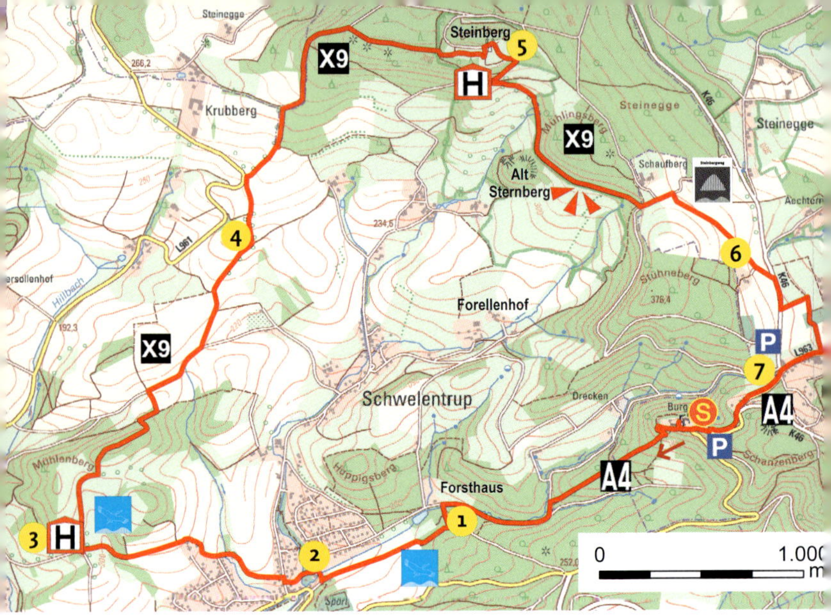

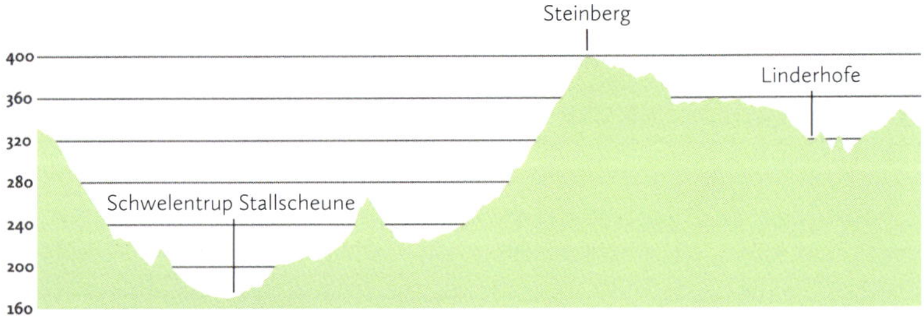

Spielplatz in Schwelentrup

Beeindruckend sind eine große Trauerweide und zwei stattliche Urwelt-mammutbäume. Die auch als Chinesisches Rotholz bezeichnete Baumart war bis zu ihrer Entdeckung im Jahr 1941 nur durch Fossilfunde bekannt. Die *Stallscheune* (2), ein aus Wierborn bei Barntrup stammender Fachwerkbau aus dem Jahr 1664, der 2006 hier als Dorfgemeinschaftshaus wieder aufgebaut wurde, bietet sich mit dem angrenzenden Parkplatz als alternativer Startpunkt für diese Wanderung an.

NABU Naturerlebnispfad

Von dort führt uns der NABU-Naturlehrpfad über den Mühlingsbach hinweg zur Alten Dorfstraße und schräg gegenüber in das Wilkerott. Das vermutlich im 6. oder 7. Jahrhundert entstandene, allerdings erst 1151 urkundlich erstmals erwähnte, Schwelentrup erstreckt sich als Straßendorf über 2,3 Kilometer in der Talaue des Mühlingsbaches nach Norden bis hinauf an die Hänge des Talkessels.

Die Stallscheune in Schwelentrup

Auf dem am Rand eines schmalen Bachtales verlaufenden alten Kirchweg nach Hillentrup erreichen wir die Gebäudegruppe des Hofes Herbrechtsmeier. Der Weg führt an einer farnreichen Trockenmauer am Rand des alten Obsthofes und dem prächtigen Haupthaus von 1776 vorbei um die Hofanlage herum, zu den Ackerflächen jenseits des Hofes. Vor uns im Süden liegt die Begaue. Nach der Querung eines schmalen Tales verlassen wir an der *Hütte des Heimatvereins Hillentrup* (3) den weiter geradeaus führenden Kirchweg und folgen dem rechts abbiegenden Lehrpfad, der an Hecken vorbei über Ausläufer des waldbedeckten Hillentruper Mühlenberges hinweg nach Norden führt.

Jenseits des Waldes erstrecken sich auf fruchtbaren Mergeln des Unteren Keuper am Südhang des Krubberges und in der geschützten Mulde des Schwelentruper Beckens ausgedehnte Ackerflächen. Dahinter erheben sich, östlich an den Krubberg anschließend, im Halbrund die Höhenzüge von Steinberg (396 m üNN), Mühlingsberg (378 m üNN) und Stühneberg (376,5 m üNN). Wenn der NABU-Lehrpfad auf den X 9/E 1 trift, verlassen wir den NABU-Lehrpfad nach rechts und setzen unsere Tour auf dem X 9/E 1 fort, eine einsam in der Feldflur stehende Solitäreiche im Blick. Ein Naturdenkmalschild markiert den Beginn eines wunderschönen *Hohlweges* (4), der sich tief in die weichen Mergel am unteren Hang des Krubberges eingeschnitten hat. Zuerst laubenartig von Strauchbewuchs gesäumt wird der Weg zunehmend tiefer und dunkler. Bei der Wanderung auf der schmalen Hohlwegsohle zwischen den von Traubeneichen und Hainbuchen bestandenen 3 Meter hohen Böschungen kann man nachvollziehen, wie unheimlich dieser alte Weg nach Lüdenhausen mit der beginnenden Dämmerung einmal gewesen sein muss. Dort wo wir uns der heutigen den Krubberg hinaufführenden Stra-

Beginn des Hohlweges am Krubberg

Panorama am Weg zum Steinberg

ße nach Lüdenhausen nähern, ändert sich der Wegcharakter. Die Trasse des alten Weges ist nun nur noch links des „modernen" Feldweges unter Altbäumen zu erkennen.

Dann folgt ein etwas anstrengender Abschnitt. Ein breiter Forstweg führt steil hinauf auf den Steinberg. Dort wo rechts der Wald beginnt, hat man von dem hier abzweigenden Weg der Blicke einen weiten Panoramablick nach Süden auf die Kammlinie des Teutoburger Waldes mit Bielsteinsender, Hermannsdenkmal und dem Aussichtsturm auf der Preußischen Velmerstot, der den Beginn des Eggekammes markiert. Im Mittelgrund erhebt sich südlich der Begaaue das große Waldgebiet am Blomenstein. Im Osten sind der Winterberg bei Blomberg/Barntrup und dahinter das Massiv des Schwalenberger Waldes sichtbar.

Weg der Blicke

Beim weiteren Aufstieg zeichnet sich eine vom harten Schilfsandstein gebildete Geländestufe deutlich ab. Auf den basenarmen Gesteinen ist der ehemalige Fichtenbestand inzwischen durch Jungwuchs mit Eberesche, Birke, Kirsche und Brombeersträuchern ersetzt. Dazwischen blüht im Frühjahr vereinzelt der gelbe Besenginster. Aber auch in den folgenden weicheren Mergelschichten mit Laubwaldresten wird es nicht wesentlich flacher. Erst mit dem Erreichen der Sandsteinkappe des Oberen Keupers in 370 Metern Höhe geht es nun entspannt auf einem rechts abzweigenden Waldweg über den langgezogenen Bergrücken des Steinberges. Z. T. von Wildschutzzäunen umgebene Aufforstungsflächen und abgestorbene Fichtenwaldreste zeigen an, dass auch hier auf den sauren Böden bis vor kurzem

Hohlweg am Krubberg

artenarme Fichtenforste wuchsen. Der federnde Waldboden, zahlreiche Pfützen und die auf dem Weg wachsenden Binsen weisen auf stauende Tonschichten im Unterboden hin.

Bald erreichen wir den Rand der ehemaligen Raketenstation auf dem Steinberg. Wir folgen nicht dem links abzweigenden Forstwegen, sondern wählen den geradeaus führenden Weg, der uns direkt zu einer aufgeschütteten Halde mit der neu gestalteten *Aussichtsplattform* (5) führt. Ein gewundener Fußpfad ermöglicht den Aufstieg auf den höchsten Punkt des Steinberges. Obwohl mit 396 Metern rund 100 Meter niedriger als der Köterberg, ist die sich von hier aus ergebende Rundumsicht gleichwohl spektakulär. Im Norden blicken wir auf die zwischen Wiehen- und Wesergebirge liegende Porta Westfalica. Im Nordosten sind der bewaldete Taubenberg und das auf einer Hochfläche liegende Dorf Goldbeck mit den dahinter liegenden Kammlinien der Mittelgebirge östlich der Weser (Bückeberg, Deister, Ith) sichtbar. Im Osten erhebt sich der durch den Aussichtsturm kenntliche Hohe Asch (374 m üNN) bei Bösingfeld. Das im Süden und Westen folgende Panorama ist z. T. bereits bekannt.

Weiter führt uns der Weg vorbei an kaum noch zu erkennenden ehemaligen Abschussbasen und kleinen von Gräsern bedeckten Freiflächen. Sie sind die letzten Reste der durch die militärische Nutzung gestörten Vegetation. Inzwischen hat die Natur in Form von ausgedehnten Weiden- und Birkengebüschen fast das gesamte Terrain zurück erobert. Dann haben wir die Alte (Schwelentruper) Dorfstraße wieder erreicht und folgen ihr bergab. An einer Schutzhütte wählen wir

Blick vom Steinberg nach Osten

Schwelentruper Talkessel

nicht den links abzweigenden breiten Weg, sondern einen wenige Meter weiter beginnenden, von Wurzeln durchzogenen Fußpfad (X 9, Weg der Blicke, E 1). An der Grenze zwischen Gehölzen und den grünlandgenutzten Hängen entlang wandernd ergeben sich zwischen randständigen alten Buchen und Traubeneichen immer wieder schöne Blicke hinab in den Talkessel und auf das „Ober“dorf Schwelentrup.

E1

Kurz nach dem Beginn eines Buchen-Hallenwaldes überqueren wir drei Quellbachdurchlässe. Links am Weg liegt der inzwischen fast ganzjährig trockene Quellhorizont des Mühlingsbaches. Dass hier vor 30 Jahren noch das Sumpf-Veilchen wuchs ist heute nicht mehr vorstellbar. Kurz darauf führt rechts ein Fußpfad wenige Meter steil hinab zu einer Informationstafel zu den im Buchenwald unter uns liegenden beeindruckenden Wallanlagen der Burg **Alt Sternberg**. Wieder zurück auf „unseren“ Weg folgt nur etwa 200 Meter weiter bereits der nächsten Abzweig zu der am Waldrand aufgestellten Panoramatafel des Weges der Blicke. Ein letztes Mal ergibt sich hier die Möglichkeit, von einer Bank aus den Ausblick und die Stille am Waldrand zu genießen.

Panoramatafel am Mühlingsberg

Dann führt der Wanderweg hangparallel durch Buchenwald und überwindet in einer leichten Steigung den Bergsattel zwischen Mühlingsberg (links) und Stühneberg (rechts). Wir erreichen am Zielwegweiser Schaufberg eine Wanderwegkreuzung. Zu unserem Ausgangspunkt kann man von hier aus über X 9 und A 4 zurück wandern. Unsere Route folgt aber den

Steinbergweg

Zeichen des Steinbergwegs nach links ins freie Feld in Richtung Linderhofe und Hotel zur Burg Sternberg. Vom Waldrand aus schauen wir über Linderhofe hinweg in Richtung Extertal und Hoher Asch. Nach einigen Metern erreichen wir einen auf Ackerrainen verlaufenden schmalen Fußpfad, der später in einen schmalen, von Büschen gesäumten *Hohlweg* (6) übergeht. Nur dem Einsatz Linderhofer Heimatfreunde ist es zu verdanken, dass dieser etwa 1 Meter unterhalb des Ackerniveaus verlaufende Weg wieder begehbar ist. Über Jahrzehnte hinweg war er mit Bauschutt und den auf den Äckern gefundenen Lesesteinen verfüllt und dadurch unbegehbar geworden.

Der Steinbergweg verläuft zunächst kurz entlang der Lüdenhauser Straße und biegt dann nach links auf einen Wiesenweg zum ehemaligen Mönchebergpark ab. Der Park liegt in einem Quellhorizont des in die Exter entwässernden Sellenbaches. In dem stark verschlammten, links des Weges liegenden Teich mit Seerosen und Tannenwedel lag früher das Linderhofer Freibad. Jenseits des Parks wandern wir am Rand eines Wiesenlabyrinths entlang auf die Burg Sternberg zu und hier auf dem Fuß- und Radweg der Sternberger Straße zum 800 Meter entfernten Ausgangspunkt zurück. Kurz bevor der Weg auf den letzten Metern wieder als Waldpfad zur Burg zurück führt, liegt am linken Straßenrand der 1987 aufwändig gefasste *Jungfernbrunnen* (7). Bis Anfang des 20. Jahrhunderts versorgte diese Quelle die umliegenden Anwesen mit Brauch- und Trinkwasser. Heute weitgehend trocken gefallen, ist sie ein weiteres Beispiel für den erschreckenden Wasserverlust in unserer Landschaft.

Hotel Zur Burg Sternberg

Humfeld – ein lippisches Dorf und seine Umgebung

Friedrich Brakemeier, Angelika Nolte

Im Mittelpunkt dieses Vorschlags steht ein Dorf und dessen Umgebung: Humfeld im Begatal (Ortsteil von Dörentrup). Im Dorf bietet die Strecke Einblicke in die Geschichte des Dorfes und das Dorfleben heute. Außerhalb des Siedlungsbereichs lernen wir einen besonderen Hohlweg kennen und von der Terrasse oberhalb des Begatals gibt es beeindruckende Aussichten.
Die Wege im Dorf und teilweise auch im Außenbereich sind asphaltiert.

Start: Parkplatz an der Siekswiese an der Grundschule Humfeld (Dörentrup-Ost), Auf dem Kamp 14, 32694 Dörentrup
Start-/Zielkoordinaten:
- DG: 52.026102; 9.052379
- UTM: 32U 503593.755; 5763942.653
- w3w: ///wechseln.macher.ausstieg

Länge: 8,5 km
Höchster Punkt: 300 m üNN
Niedrigster Punkt: 140 m üNN
Gesamtaufstieg: 160 m
Wegbeschaffenheit:
- Naturnahe Wege: 2,5 km (29 %)
- Befestigte Wege: 2,0 km (24 %)
- Asphalt/Pflaster: 4,0 km (47 %)

Markierung: Unsere Route folgt nicht durchgängig einem gekennzeichneten Weg, teilweise dem örtlichen Wanderweg A 1.
Parken: Parkplatz an der Siekswiese, Auf dem Kamp 14, 32694 Dörentrup
ÖPNV: Linie 700, Haltestelle Humfeld Ortsmitte
Einkehrmöglichkeiten:
- Reiterstuben Humfeld, Bundesstraße 32, 32694 Dörentrup, 05265/ 89 58
- Gutshof Brennerei Begatal Untere Dorfstr. 3-7 32694 Dörentrup, 05265/ 75 17

Der Bereich um die Grundschule ist der Dorfmittelpunkt. Neu gestaltet wurde die Siekswiese: Grillplatz, Boulebahn und Fitnessgeräte.
Informationstafeln informieren über Wandermöglichkeiten.

Bank am Obstler-Berg

1. Etappe: Siekswiese – Schmandpott (2,5 km)

Vom Parkplatz aus wenden wir uns nach links und gehen die Straße „Auf dem Kamp" bis zur Einmündung der Straße „Alter Kampweg". Der Weg führt durch eine Siedlung, die in der Nachkriegszeit schwerpunktmäßig für Vertriebene und Flüchtlinge errichtet wurde.

Die Straße Alter Kampweg führt abwärts in das Unterdorf auf die Straße „Fermke". Unser Weg führt hier nach rechts. An der Fermke befinden sich Gebäude, die bis in die 1980er Jahre als Mühle, Sägewerk, Bauunternehmen oder landwirtschaftlicher Betrieb genutzt wurden.

Vorgarten des Künstlers in der Fermke

Interessant ist das Anwesen Fermke Nr. 40 von Helmut Schmidt. Im Vorgarten und auf dem Garagenplatz sind Skulpturen zu bestaunen, künstlerisch gestaltete Schaufensterpuppen. „H-Punkt-Schmidt", so sein Künstlername, ist auch als Maler anerkannt (vgl. auch seine Webseite). Es ist durchaus erlaubt, ihn mal zu „stören", um sich sein Atelier und seine Gemälde anzusehen und seinen Garten mit vielen Kunstwerken zu bestaunen.

Die hinter den auf der linken Seite stehenden Häusern gelegenen Gärten werden allesamt von dem Fluss Bega begrenzt.

Wenn wir der Fermke weiter folgen, stoßen wir auf den Gebäudekomplex der Firma *A. & H. Meyer* (1).

Eierhäuschen

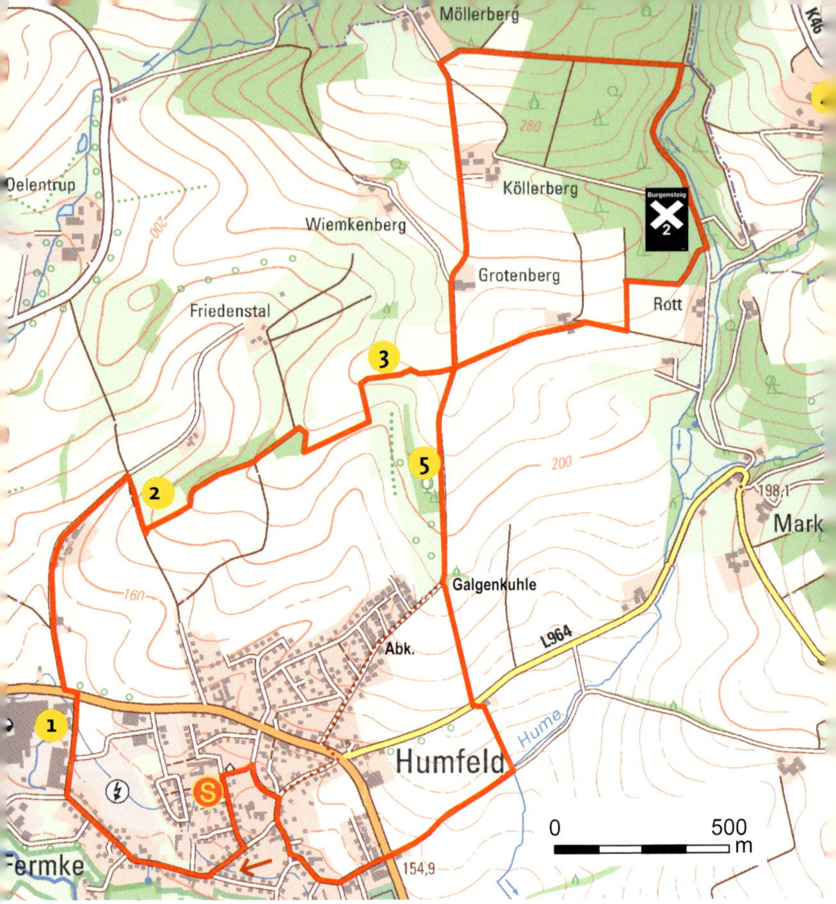

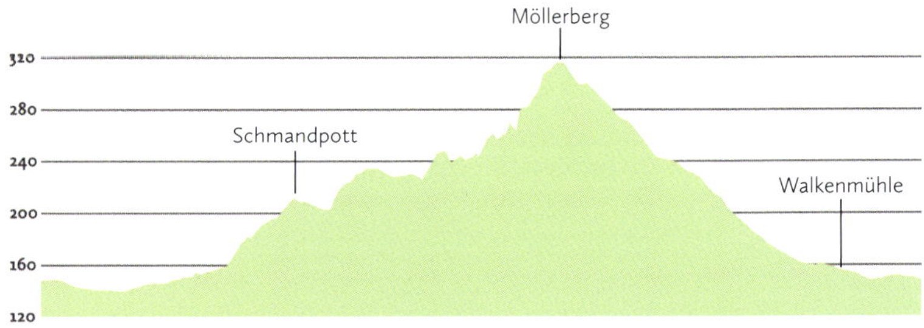

Diese Firma ist ein Beispiel dafür, wie in der Nachkriegszeit aus einem kleinen handwerklichen Betrieb ein „Global Player" entstehen konnte. Die Großeltern des derzeitigen Inhabers hatten eine kleine Klempnerei. Aus der Klempnerei wurde ein Elektrounternehmen und daraus 1961 ein Fertigungsunternehmen für Leuchten und Büroelektrik mit Produktionsstandorten in Malaysia und Brasilien.

Vor dem Gebäudekomplex der Firma Meyer wenden wir uns rechts, überqueren dann die Bundesstraße 66 (Vorsicht!), die von Lemgo nach Barntrup führt und biegen dann in den Wirtschaftsweg „Friedenstal". Dieser Weg erschließt einige frühere landwirtschaftliche Anwesen und endet am Fuße des

„Grotenberges“ als Sackgasse. Wir dürfen dann nach ca. 700 Metern den Abzweig nach rechts in den eingangs erwähnten *Hohlweg* (2) nicht verpassen. Diesen erreichen wir, nachdem wir eine mit Kopfweiden bestandenen Wiese passiert haben und unser Weg von dem früher als D (Rundweg um Dörentrup) gekennzeichneten Wanderweg gequert wird. An der Wegkreuzung befindet sich eine Bank. Der Hohlweg, als Naturdenkmal „Alter Dienstweg“ eingetragen, ist sehr wahrscheinlich Teil einer alten Wegeverbindung. Der Weg mit seinem alten Buchen- und Eichenbestand und der Bodenvegetation ist einfach beeindruckend! Man kommt sich vor wie in einem großen, von Laub bedeckten Tonnengewölbe, durch dessen Laubwerk hin und wieder Sonnenstrahlen fallen.

Hohlweg

Beim Verlassen des Hohlweges haben wir rechts einen Blick auf das Gewerbegebiet Humfeld/Farmbeck, das wir anfangs der Wanderung bereits gesehen haben. Wir wenden uns nun nach links auf den Wanderweg A 1 mit linksseitigem, eindrucksvollen Buchenbestand und haben vom Waldrain aus nach rechts einen herrlichen Ausblick auf **Humfeld** und das Begatal.

Der Weg verläuft dann durch eine Senke mit beidseitigem Buchenbestand. Links öffnet sich die Landschaft, wir blicken über Wiesen auf den Dörenberg mit Windrad und Sendemast; auch die Burg Sternberg in Extertal-Linderhofe ist von hier zu

Aussicht auf das Begatal

Grillplatz Schmandpott

Blick auf die Burg Sternberg

erkennen. Rechts befindet sich ein mit Bäumen bestandener „Krater“. Bei dieser Vertiefung handelt es sich um eine ehemalige Mergelkuhle, die früher von den Humfelder Kindern als ein beliebter Abenteuerspielplatz genutzt wurde. Der Weg führt am Rande der Senke entlang, biegt etwa 100 Meter weiter nach links und durchquert ein Getreidefeld (nicht ganz einfach zu erkennen). Auf gleicher Höhe bleibend erreichen wir den „*Schmandpott*“ (3), einen von der Freiwilligen Feuerwehr Humfeld 1986 errichteten Grillplatz mit Sitzgelegenheiten. Er liegt geschützt in einer Senke, die keinen natürlichen Ursprung hat, sondern wohl durch Abbau von Gestein entstanden ist. Der Name Schmandpott ist wohl möglicherweise darauf zurückzuführen, dass das kreisförmige Ausmaß dieser Senke einem Topf bzw. einer Schüssel gleicht, aus der man von der abgestandenen Milch früher den Rahm bzw. den Schmand abgeschöpft hat. Vom Gelände des Schmandpotts blickt man auf das Begatal und den kleinen Höhenzug Blomenstein zwischen Blomberg, Barntrup und Dörentrup.

2. Etappe: Schmandpott – „Galgenkuhle“ (4,3 km)

In Richtung Osten erreichen wir nach ca. 200 Metern den Ziegenhirtenweg, der von Humfeld kommend die früheren **Bauernhöfe** unter dem Sternberger Wald erschließt. Den Ziegenhirtenweg überqueren wir und folgen dem Weg „Rott“

Streuobstwiese mit jungem Baumbestand

zu einem früher landwirtschaftlich genutzten Anwesen in Einzellage. An dem Haus vorbei erreichen wir einen Grasweg, an dem wir auf einer Bank den Blick auf die vor uns liegenden Felder und Wiesen genießen können. Dabei entdeckt man auch die von Humfeld über den Teutberg nach Barntrup-Alverdissen führende Straße. Schon nach wenigen Metern müssen wir nach links auf einen weiteren, nicht sehr oft genutzten Grasweg in Richtung Norden auf ein Waldstück abbiegen. Gleich hinter der Waldkante führt ein Weg nach rechts und in einem Linksbogen (auf der rechten Seite im Tal ein einzelner Hof und links ein Holzlagerplatz) auf den asphaltierten Weg Langer Grund (mit den Zeichen des Fernwanderwegs Burgensteigs X 2 gekennzeichnet). Unser Weg führt in einem Tal nach links bergauf. An den Hängen sind geschädigte Fichten entnommen worden.

Rastplatz

Nach rechts führt ein Weg zur Ortschaft *Hohensonne* (4), Ortsteil von Extertal. Wir gehen aber zunächst geradeaus, folgen dem X 2, biegen aber dann nach links in Richtung der kleinen Siedlung „Möllerberg“. (rechts führt der Wanderweg A 3 nach Hohensonne). Kurz vor Möllerberg befinden wir uns auf dem höchsten Punkt unserer Wanderung (300 m üNN).

Wir treffen auf den asphaltierten Weg „Grotenberg“, dem wir nach links folgen (rechts geht es zur kleinen Siedlung Möllerberg). Wir errei-

Hof Begemann

chen talabwärts einen in Eigenbau gefertigten Rastplatz (siehe Foto Rastplatz). Vor uns liegt ein großer Teil des Lipperlandes, der Höhenzug des Schwalenberger Waldes zwischen Schieder und Schwalenberg, der Teutoburger Wald bis hin Fernsehturm Hünenburg westlich von Bielefeld/Werther.

Wir erreichen dann Tal abwärts gehend auf dem Ziegenhirtenweg auf der rechten Seite einen alten Baumhof mit *Obstbaumbestand* (5). Am Weg befindet sich ein Naturdenkmal, ein uralter Apfelbaum, ein Zierapfel, der „Höltkenstamm". Dieses Anwesen und das angrenzende Grundstück hat Friedhelm Begemann erworben. Er betreibt seit einiger Zeit eine Brennerei auf dem väterlichen Hof in Humfeld. Die dafür erforderlichen Obstsorten werden hier geerntet. Zur Obstbaumblüte ist dieser Teil der Wanderung besonders eindrucksvoll. Der asphaltierte Ziegenhirtenweg biegt jetzt in einer scharfen Rechtskurve in Richtung Dorf ab, und zwar bei bei der unscheinbaren „Galgenkuhle" (vermutlich Standort einer ehem. Richtstätte).

Fachwerk in Humfeld

3. Etappe: „Galgenkuhle" – Siekswiese (2 km, bei Nutzung der Abkürzung 1 km)

Wer nun zügig zum Startpunkt zurückkehren will, folgt der auf der Karte eingezeichneten Abkürzung auf dem Ziegenhirtenweg bis zur Bundesstraße 66, überquert diese, folgt der Stra-

Grünanlage an der Grundschule

ße einige Meter nach links und biegt dann rechts in die „Obere Dorfstraße“ ab. Links geht es dann über die Straße Siekswiese zurück zu dem Parkplatz an der Siekswiese/Grundschule.

Wer noch mehr von Humfeld und Umgebung erleben möchte, verlässt den Ziegenhirtenweg geradeaus auf einem geschotterten Feldweg und erreicht dann die „Alverdisser Straße“. Diese überqueren wir und biegen hinter einem Hausgrundstück auf den Grasweg „Humfelder Weg“ ab. Dieser führt uns durch die Felder zum asphaltierten Weg „Querental“. Diesem Weg folgen wir nach rechts bis zur Bundesstraße 66. Vor uns liegt links die ehemalige Gaststätte Wehrmann und dahinter der Sportplatz. Nach Überqueren der Bundesstraße erreichen wir im Bereich der Oberen Dorfstraße den früheren Mittelpunkt des Dorfes. Hier befinden sich einige sehr alte Bauernhöfe, u. a. der Hof Begemann, den der jetzige Eigentümer Friedhelm Begemann mit seiner Familie vorbildlich restauriert und zu einem beliebten Ausflugsanwesen mit Gin-/Obstbrennerei und Gartenwirtschaft umgestaltet hat. Es lohnt sich mal kurz links abzubiegen, um sich hier umzuschauen oder während der Öffnungszeiten „Humfelder Hochprozentiges“ zu genießen.

Der Oberen Dorfstraße folgend können wir auf der rechten Seite viele alte Eichen auf dem Grundstück des landwirtschaftlichen Betriebes Tölle bestaunen.

Zum Schluss der Wanderung bietet Humfeld noch eine Sensation: die wohl kürzeste Einbahnstraße Europas. Wir biegen dann in die Straße „Am Siekbach“ ab und erreichen auf der linken Seite unseren Startpunkt, die Grünlage an der Grundschule.

Obere Dorfstraße

Eine alte Bauerschaft, heute ohne Bauern

Humfeld ist eine alte Bauerschaft, die erstmals 1465 in einem Dokument des Stiftes Möllenbeck erwähnt worden ist. Die Lebensgrundlage dieses Dorfes war bis Mitte des letzten Jahrhunderts Landwirtschaft, Ackerbau und Viehhaltung. Im Jahre 1926 waren von 277 erwerbsfähigen Personen 56 Landwirte: Die Vollerwerbsbetriebe lebten neben dem Anbau von Getreide, Kartoffeln und Rüben von der Milchwirtschaft. Die Kühe wurden auf die Weide getrieben und am Abend auf dem Hof gemolken. Bis 1967 gab es im nahen Farmbeck eine genossenschaftliche Molkerei, die dem Trend zu Großmolkereien zum Opfer fiel.
Auch die Nichtlandwirte betrieben bis in die 1970er Jahre Landwirtschaft im Nebenerwerb. Kühe im Nebenerwerb waren selten, dafür gab es aber fast flächendeckend die „Kühe des kleinen Mannes“, die Ziegen, außerdem Schweine und Hühnervölker. Tierhaltung, Gärten und kleine Felder deckten den Grundbedarf. Im 2. Weltkrieg erlitt man kaum Hunger.
Als die Einkommen stiegen und der Ertrag aus der Landwirtschaft sank, wurden viele Betriebe aufgegeben und die Flächen von Vollerwerbsbetrieben gepachtet. In der Nachkriegszeit gab es noch 10 bis 15 große Bauernhöfe, die genügend Erträge erwirtschaften konnten. Dies änderte sich später, auch durch die Reduzierung der Milchquote und die Spezialisierung, z. B. durch den Betrieb moderner Mastställe. Heute gibt es keinen landwirtschaftlichen Vollerwerbsbetrieb mehr in Humfeld. Sämtliche Ländereien sind verpachtet und werden von auswärtigen Betrieben bewirtschaftet. Dennoch sind die landwirtschaftlichen Flächen und damit die abwechslungsreiche Landschaft erhalten geblieben.

Humfeld – Fast ein autarkes Dorf

Bis in die 70er Jahre konnten die etwa 2000 Einwohner in Humfeld fast alles, was sie brauchten und nicht selbst im Garten hatten oder im landwirtschaftlichen Nebenerwerb erzeugten, im Dorf erwerben. An der Hauptstraße, der Bundesstraße 66, gab es unter anderem drei Gaststätten, drei Lebensmittelgeschäfte, eine Drogerie mit Fotobedarf, ein Milch- und Käsegeschäft, ein Haushaltswarengeschäft, eine Tankstelle mit Kfz-Werkstatt und -verkauf, zwei Textilwarengeschäfte, einen Klempner und Installationsbetrieb, eine Schlosserei, ein Radio- und Fernsehgeschäft, ein Einrichtungshaus (u. a. Möbel, Teppiche und Gardinen), einen Blumenladen, zwei Frisörsalons, eine Sparkassenfiliale und die Poststelle. Darüber hinaus befanden sich im oberen Dorf noch zwei Bäckereien, ein weiteres Lebensmittel- und Haushaltswarengeschäft und eine Fleischerei, zwei Schuhmacher mit Schuhverkauf, ein Malerbetrieb, ein Elektriker mit Küchenangeboten sowie zwei Schmieden und eine Tischlerei. Auch für die Bildung war gesorgt; es gab nämlich sogar eine Volksbücherei, die durch einen Lehrer der Volksschule mit ehrenamtlicher Unterstützung aus der Schule und Bevölkerung organisiert wurde. Die Gesundheitsvorsorge war auch gewährleistet durch einen Hausarzt und sogar einen Zahnarzt. Nur eine Apotheke fehlte, die gab es aber in Dörentrup und Barntrup. Wer jedoch nicht nach Dörentrup bzw. Barntrup fahren wollte oder konnte, hatte aber auch die Möglichkeit seine Medizin in Humfeld zu besorgen. Es gab nämlich eine sogenannte Apotheken-Abholstelle bei „Tante Klärchen". Hier gab man die Rezepte ab und konnte die Medizin dann einen Tag später abholen.
In den 1970er Jahren gab ein Geschäft nach dem anderen auf. Heute ist ein Lebensmittelladen an der Hauptstraße reaktiviert worden. „Laras Laden – Die Obstretterin", ein Nachhaltigkeitsmarkt, bietet neben Gemüse und Obst auch Workshops an. Ferner gibt es noch zwei Tankstellen, eine für Benzin und unsere Traditionsgaststätte mit Saal, die „Reiterstuben"; ehemals „Deutsches Haus".
Verändert haben sich auch Handwerk und Gewerbe. Zwei Möbelfabriken mit über 300 Arbeitsplätzen stellten ihren Betrieb ein. Früher im Unterdorf befindliche handwerkliche und landwirtschaftliche Betriebe existieren nicht mehr, u. a. ein Sägewerk, ein Maurerbetrieb und die Bruchmühle, eine Wassermühle, die vom Fluss Bega angetrieben wurde .

Die 1990 gegründete „Dorfgemeinschaft Humfeld", Heimatverein im Lippischen Heimatbund, und andere Vereine kümmern sich um das Gemeinschaftsleben, das Dorfbild und die Dokumentation der Dorfgeschichte, u. a. durch Herausgabe der Dorfchronik von Dankwart von Reden 1994.

Den Fluss (fast) immer im Blick – Wandern entlang der Bega in Lemgo

Dieter Jooß

Eine Wanderung mit vielen Höhepunkten: naturbelassene Wege in den Begaauen, das Schloss Brake und der Begaauenpark.

Start: Es empfiehlt sich die Wanderung am Schloss Brake zu beginnen, hier gibt es kostenfreie Parkplätze und das Schloss ist vom Bahnhaltepunkt Lemgo Lüttfeld nur 300 Meter entfernt. Hier gibt es auch Anschluss an die Stadtbuslinie 2, und viele weitere Linien.

Alternativ: Ab Regenstorplatz (Parken frei) oder das Langenbrücker Tor (Parken gebührenpflichtig)

Start-/Zielkoordinaten:

- DG: 52.020793; 8.915287
- UTM: 32U 494187.102; 5763354.261
- w3w: ///zwischen.anziehen.werkzeuge

Länge: 8,1 km; Abkürzung nach der 2. Etappe auf 5,1 km oder nach der 3. Etappe auf 6,0 km

Höchster Punkt: 120 m üNN

Niedrigster Punkt: 100 m üNN

Gesamtaufstieg: 50 m

Wegbeschaffenheit:

- Naturnahe Wege: 4,0 km (49 %)
- Befestigte Wege: 1,6 km (20 %)
- Asphalt/Pflaster: 2,6 km (31 %)

Markierung: Die Wanderung folgt in den Etappen 1 und 2 dem Rundwanderweg A 1 Brake-Begatal, die 3. Etappe dem Lipperlandweg bis zum Regenstorplatz. Der Etappe 4 kann man leicht folgen, auch wenn sie nicht als Wanderweg markiert ist.

Parken: Parkplatz Schloßstraße (am Amtsgericht) oder Parkplatz Schloßstraße Ecke Bierweg

ÖPNV: Bahn RB 73, Bhf. Lemgo Lüttfeld; Bus Linie 700, 732, 800 und weitere, Haltestelle Le-Brake Schloss; Stadtbus Linie 2, Haltestelle Schloss

Einkehrmöglichkeiten:

- Café Walkenmühle, Walkenmühle 110, Tel.: 05261/ 9 34 93 47
- El Molino (am Schloss Brake), Finkenpforte 1, Tel.: 05261 / 1 74 21
- Kaffeehaus und Biergarten Alte Remise, Breite Straße 10 a (am Abteigarten), 05261/ 7 79 98 99

In regenreichen Zeiten können die Begawiesen zwischen Papiernbentrup und der Walkenmühle sehr feucht sein. Dann empfiehlt es sich, auf den Weg am Bahndamm entlang auszuweichen (700 Meter zusätzlich).

Die Bega

1.Etappe: Schloss Brake – Papiernbentrup (2,6 km)

Wir beginnen unsere Wanderung an der Wanderinfotafel am **Schloss Brake**, Ecke Schloßstraße/Bierweg, und folgen dem Bierweg Richtung Osten (A 1, X 7) zwischen Schlossgräfte und Schlossgarten. Der Weg führt zwischen Streuobstwiesen hindurch und dann über zwei Wehre, an denen der Mühlgraben von der Bega getrennt wird. Der Weg endet am ehemaligen Eisteich, der jetzt durch den Bahndamm durchschnitten wird und verlandet ist. Früher wurde hier die Wiese im Winter geflutet und dann das Eis gebrochen und in den Eiskeller im Holsterberg geschafft, um die Bierkeller zu kühlen. Wir queren den Bahnübergang und folgen dem A 1 über eine Rampe bergan auf den Holsterberg. Diesen Weg nahmen früher auch die mit Eis beladenen Wagen, um den Eiskeller von oben zu befüllen. Das Haus links des Weges steht vor dem Eingang zum historischen Felsenkeller, der nicht mehr zugänglich ist. Am höchsten Punkt des damals unbewaldeten Holsterberges standen früher Galgen, um den auf dem Blomberger Weg Reisenden Recht und Ordnung zu

Schloss Brake

Das Schloss Brake steht auf den Fundamenten einer Wasserburg, die sich bis ins 12. Jahrhundert zurückverfolgen lässt.
Während der Soester Fehde 1447 wurde die Burg zerstört und dann unter Simon VI. 1584-89 zu einem Schloss im Stil der Weserrenaissance umgebaut. Bis zum Ende der Regierungszeit Simon VI. war es Regierungssitz und hatte große Bedeutung weit über die Lippischen Landesgrenzen hinaus. Heute dient es dem Landesverband Lippe als Verwaltungssitz und beheimatet das sehenswerte Weserrenaissancemuseum. Auf dem Gelände des Schlosses befinden sich Gebäude einer Domäne und ehemalige Mühlen. Im 19. Jahrhundert befand sich im Schloss eine Musterbrauerei.

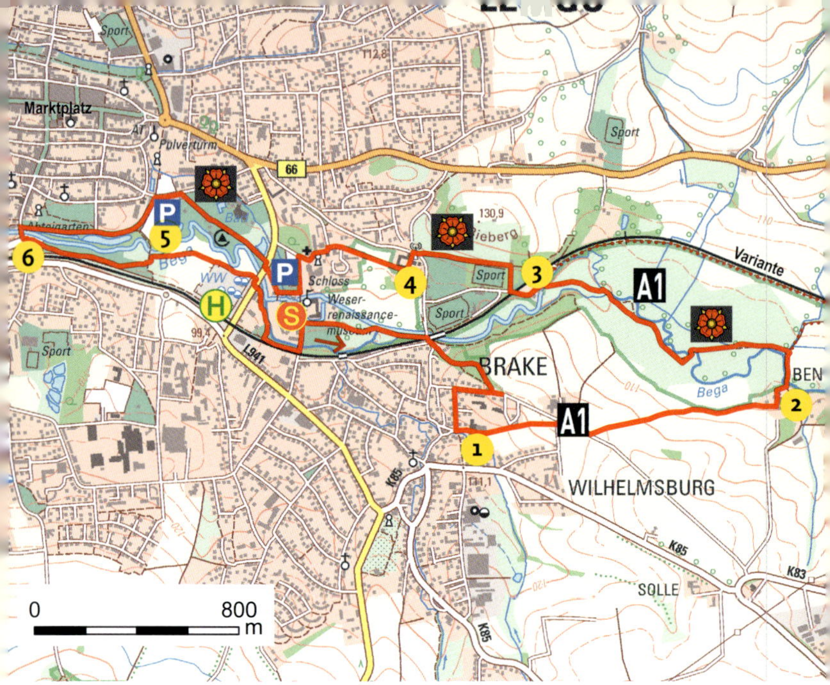

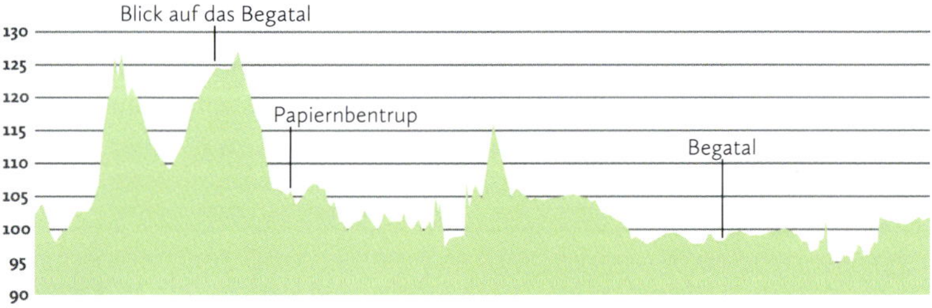

signalisieren. Auf dem Berg halten wir uns rechts und folgen dem A 1 zum Niedernhof, dem Ursprung des früheren Holzhausen, dem Vorgängerort des heutigen Brake. Wir gehen kurz durch ein Wohngebiet. Hinter der *Bibelschule* (1) führt dann unsere Route nach links in einen Hohlweg. Über einen schmalen Pfad gelangen wir zu einer Wiese oberhalb der Bebauung. Hier lädt eine Bank zu einer kurzen Pause mit Blick über das **Naturschutzgebiet „Östliches Begatal“** ein. Von hier oben haben wir außerdem eine schöne Sicht zum Windelstein, der höchsten Erhebung in der Lemgoer Mark, dem Kleeberg mit seinen Windrädern, dem Piepenkopf bis hin zum Steinberg mit fast 400 Metern Höhe, auf dem während des Kalten Krieges Raketen stationiert waren (siehe Wanderung Nr. 4). Der A 1 führt uns bergab ins Tal der Bega. Rechterhand versteckt sich in

Stahlbrücke über die Bega

einem Gebüsch ein alter Hohlweg. Wir erreichen den Hof *Papiernbentrup* (2). Hier stand die erste Papiermühle in Lippe (1555–1778), an die auch eine Infotafel des Vereins Alt-Lemgo erinnert. Diese erreichen wir, nachdem wir den Hof überquert haben. Papiernbentrup nennt man den Ort auch, um ihn von den vielen anderen Bentrups in Lippe zu unterscheiden. Über den Hof verläuft auch der Rundweg um Lemgo, der Landwehrweg (L). Die Landwehr war eine Schutzanlage im Mittelalter, durch die das Umfeld der Stadt vor marodierenden Banden und bei Fehden geschützt werden sollte. Reste dieser Landwehr sind weiter östlich erhalten geblieben.

Infoschild Papiernbentrup

2. Etappe: Papiernbentrup – Schloss Brake (2,4 km)

Vom Hof wenden wir uns nach Norden, folgen weiter dem A 1, überqueren eine Holzbrücke und wenden uns dann nach wenigen Metern am Zielwegweiser „Bentruper Wiese“ nach links. Der A 1 läuft hier zusammen mit dem Lipperlandweg nach Westen entlang der Bega und durch die Begawiesen. Nach ca. 500 Metern queren wir die Bega das erste Mal über den Schäfersteg. Wir befinden uns hier auf einem Pfad inmitten des Naturschutzgebietes. Der außergewöhn-

Lipperlandweg

Flussquerung am Wehr

Aussicht vom Holsterberg über das NSG Begatal auf die Lemgoer Mark mit dem Windelstein

Naturschutzgebiet Begatal

Das NSG „Begatal" umfasst den ca. 21 Kilometer langen Gewässerabschnitt und Talraum der Bega von den Quellbereichen im Barntruper Stadtwald bis zum Schloss Brake. Der besondere Reiz der Begaaue wird bestimmt durch die sich in zahlreichen Windungen durch die Landschaft schlängelnde Bega und ihre Ufergehölze. Die an besonnten Uferabschnitten fliegenden Prachtlibellen weisen auf die überwiegend gute Wasserqualität hin. In der angrenzenden Aue ist lokal artenreiches Feuchtgrünland erhalten geblieben, das durch die an den Böschungen des Begatales wachsenden Waldgesellschaften vor Störungen abgeschirmt wird. Mit seiner Größe und Vielfalt gehört die Begaaue zu den besonders wertvollen Schutzgebieten des Kreises Lippe.

liche Weg bietet die seltene Gelegenheit, der Natur ganz nahe zu kommen. Wir bitten deshalb die Wanderer, den Pfad nicht zu verlassen und Hunde an die Leine zu nehmen! Lange Stücke dieses Weges sind Teil eines alten Kirchwegs, der seit dem 9. Jahrhundert existiert, also über 1200 Jahre alt ist. Bewohner von Hofstätten im jetzigen Voßheide gelangten über diesen Weg zum Gottesdienst in der Gaukirche St. Johann westlich der Innenstadt. Der alte Kirchweg verläuft links der Bega bis zum Bullersteg, über den wir die Bega erneut überqueren. An einem Wehr zweigt der Mühlbach ab, der die *Walkenmühle* (3) (seit 1335) mit Wasser versorgte. „Walken" beschreibt die Bearbeitung von Stoff, wodurch dieser verfilzt. Das Produkt, die Lem'sche Wand, war ein robuster und wasser-

Streuobstwiese

Ölmühle am Schloss Brake

abweisender Stoff, der für wetterfeste Kleidung verwendet wurde und den „Wandmachern" ihr Auskommen sicherte. Später war die Walkenmühle eine Schmiede, heute ist sie ein schön gelegenes attraktives Café mit Biergarten.

Nun nutzen wir ein kleines Stück den Radweg Richtung Lemgo, überqueren die Gleise der Begabahn und wenden uns nach wenigen Metern nach rechts und nach etwa 100 Metern nach links. Der Weg führt uns zwischen Sportplatz, Kleingärten auf der linken Seite und ursprünglichen Wiesen rechts auf den auf den Hof des *Feuerwehrausbildungszentrums* (4) des Kreises Lippe, den wir überqueren. Der A 1 verläuft dann durch die Streuobstwiesen des BUND, mit einem Lehrpfad für alte Obstsorten. Die Gebäude, die wir dann erreichen, waren früher die erste Nervenheilanstalt Lippes, 1805 gegründet von Fürstin Pauline und gebaut im ehemaligen Lustgarten des Braker Schlosses. Heute befinden sich hier Wohnhäuser, ein Kindergarten, das Kreisrechenzentrum und das Amtsgericht. Vor diesem steht eine Infotafel zum Gelände und auf dem Rondell vor dem Amtsgericht – etwas versteckt – ein Denkmal für Fürstin Pauline. Wir wenden uns immer noch dem A 1 folgend nach Süden und erreichen bald

Stadtgraben

Begaauenpark

Feldweg in Richtung Papiernbentrup mit der Begaaue in der linken Bildmitte

wieder das Schloss. In einer alten Mühle befindet sich das Restaurant El Molino. Wenn wir hier dem A 1 weiter folgen erreichen wir nach 100 Metern den Startpunkt unserer Wanderung.

3. Etappe: Schloss Brake - Regenstorplatz (1 km)

Ab dem Start folgen wir nun dem Lipperlandweg weiter nach Westen zur Ölmühle mit dem sich drehenden Mühlenrad und der noch heute funktionsfähigen Originalinnenausstattung aus dem Jahr 1805. Der Weg führt uns über die Finkenpforte nach Lemgo. Nach der Überquerung der Pagenhelle an der Fußgängerampel folgen wir dem Weg weiter zwischen Begaaue links und einem idyllischen Teich rechts zum Freibad und erreichen dann den *Regenstorplatz* (5).

Bronzeschild am Gedenkstein Fürstin Paulines

4. Etappe: Regenstorplatz – Langenbrücker Tor – Schloss Brake (2 km)

Am Regenstorplatz stand eines der mittelalterlichen Stadttore. Heute befindet sich dort die Rekonstruktion der Verteidigungsanlage aus dem 14. Jahrhundert. Der Verein Alt Lemgo hat hier mehrere Infor-

Weg Richtung Papiernbentrup

mationstafeln am Wassergraben und auf der Bastion aufgestellt. Eine Umrundung der Stadt nach Norden auf der 3 Kilometer langen Wallanlage ist empfehlenswert und führt auch zum *Langenbrücker Tor* (6). In unserer Beschreibung folgen wir aber dem Lindenwall zunächst nach Süden und können dann dort die Wanderung abkürzen, wenn wir über die Bega zum Kletterpark Erlentreff und direkt hinter der Brücke wieder nach Osten über einen Pfad durch die Begawiesen gehen.

Ansonsten folgen wir dem Lindenwall weiter nach Westen: Linker Hand bieten sich schöne Aussichten auf den Begaauenpark, rechts befindet sich der Abteigarten mit seinem alten Baumbestand. Wie gut, dass frühere Bestrebungen, hier ein Einkaufszentrum zu bauen, vereitelt wurden! Im Park hinter der Alten Abtei laden das Café und der Biergarten des Annenhofes, die „Alte Remise“ zu einer Rast ein. Am Langenbrücker Tor lockt die „Icebox“ zu einem Kaffee oder Eis!

Bastion

Das Langenbrücker Tor – hier überquert die Breite Straße die Bega – war im Mittelalter mit einer umfangreichen Toranlage gesichert (Infotafel an der Icebox). Wir überqueren die Bega und gehen zwischen Parkplatz und Fluss wieder

Blick vom Langenbrücker Tor in die Breite Straße

Erlentreff

Richtung Osten in den Begaauenpark. Dieser Park wurde nach Durchführung von Renaturierungs- und Überschwemmungsschutzmaßnahmen 2022 neu angelegt. Ein längere Pause bietet sich hier an, für Kinder gibt es Spielmöglichkeiten.

Unsere Route führt zum Kletterpark „Erlentreff“. Hier überqueren wir einen asphaltierten Weg und gelangen in die Begawiesen. Der Weg wird zwar bald zum Pfad, bleibt aber gut begehbar und führt uns durch die Wiesen nach Osten, Richtung Braker Schloss. Links schlängelt sich die Bega durch Wiesen, rechts befindet sich eine eingezäunte Anlage zur Trinkwassergewinnung mit alten Obstbäumen. Dem Zaun folgend erreichen wir die Straße „Pagenhelle“. Diese überqueren wir. Über den Parkplatz hinter einem Zahnarztzentrum erreichen wir die Bega. Dieser folgen wir flussaufwärts durch ein kleines, sehr idyllisches Auenwäldchen. Bald erreichen wir den asphaltierten Weg entlang der Bahnlinie und folgen diesem nach links Richtung Osten. Über die Schäferbrücke und durch das Schäfertor erreichen wir den Ausgangspunkt unserer Wanderung.

Schäfertor

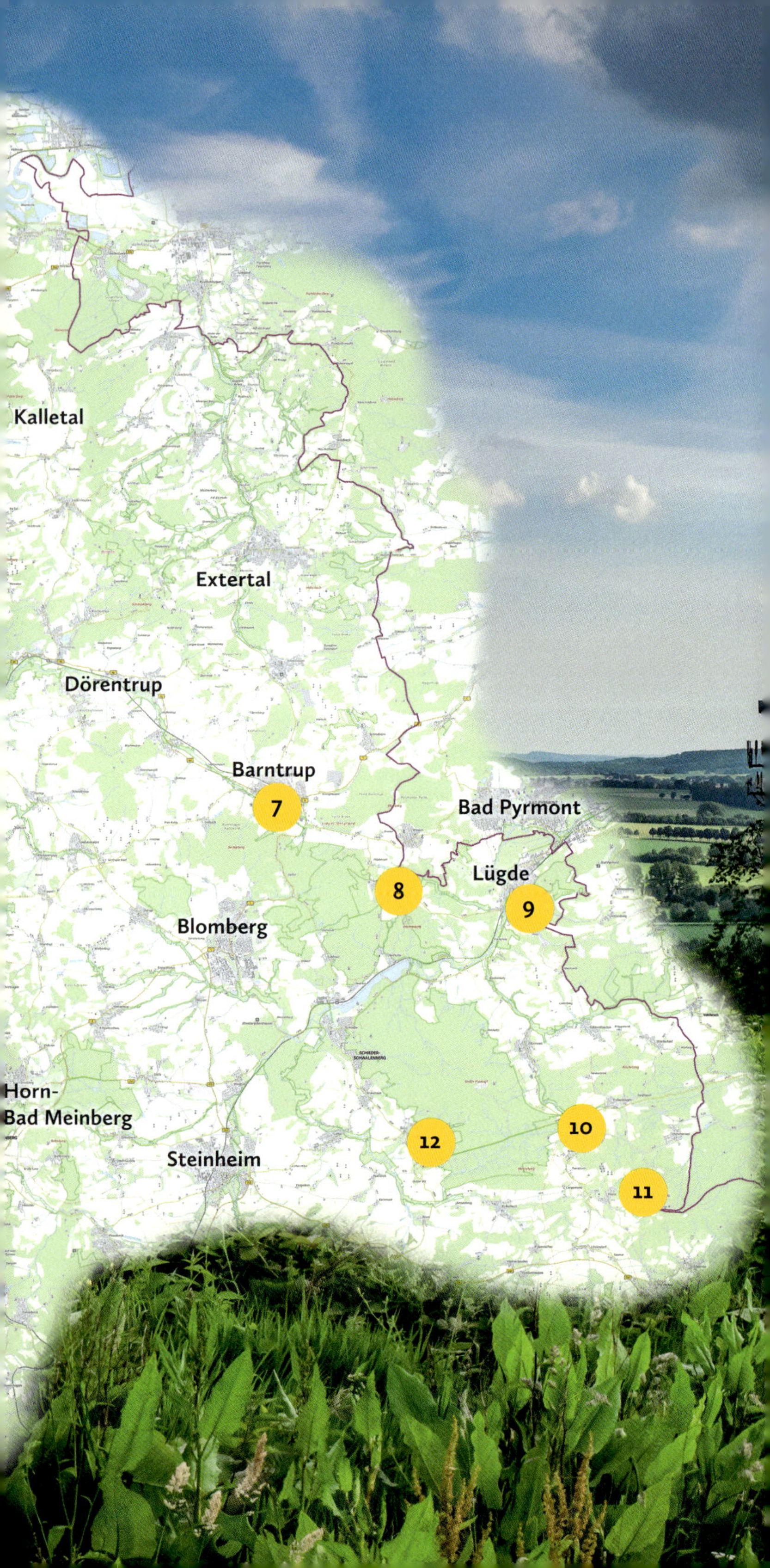
Kalletal
Extertal
Dörentrup
Barntrup
7
Bad Pyrmont
Lügde
8
9
Blomberg
Horn-
Bad Meinberg
Steinheim
10
12
11

WANDERUNGEN
Südostlippe

Der „Kunstpfad“ durch die Barntruper Kernstadt, die Beganiederung und den Stadtwald

Johannes Kopel-Varchmin

Der Wanderweg „Barntruper Kunstpfad“ erschließt viele Kunstwerke in der Kernstadt, der Beganiederung und im Stadtwald. Der mit der Skulptur Sonnentraum auf weißem Untergrund 2022 neu gekennzeichnete Weg berührt jedoch nicht alle Kunstwerke des ab 2010 angelegten Kunstpfads, Wanderweg und Kunstpfad sind also nur zum Teil identisch.

Start: Freibad Barntrup
Start-/Zielkoordinaten:

- DG: 51.988074; 9.109616
- UTM: 32U 507527.197; 5759717.443
- w3w:///leine.praktikum.mauern

Länge: 9,6 km
1. Beganiederung und Stadtwald (7,4 km)
Höchster Punkt: 330 m üNN
Niedrigster Punkt: 180 m üNN
Gesamtaufstieg: 170 m
Wegbeschaffenheit:

- Naturnahe Wege: 3,0 km (41 %)
- Befestigte Wege: 3,9 km (52 %)
- Asphalt/Pflaster: 0,5 km (7 %)

2. Stadtspaziergang (2,2 km)
Höchster Punkt: 202 m üNN
Niedrigster Punkt: 178 m üNN
Gesamtaufstieg: 30 m
Wegbeschaffenheit:

- Naturnahe Wege: 0,46 km (21 %)
- Befestigte Wege: 1,24 km (56 %)
- Asphalt/Pflaster: 0,50 km (23 %)

Markierung: Der Weg ist mit dem Wegzeichen des Kunstpfades gekennzeichnet.
Parken: Freibad Barntrup, Badeanstaltsweg 3, 32683 Barntrup
ÖPNV: Bus Linie 700 (von Lemgo), Haltestelle Barntrup Marktplatz oder Linie 772 (von Blomberg) Haltestelle Barntrup Bahnhof
Einkehrmöglichkeiten:

- Jenny's Essbar, Am Markt 7,
  32683 Barntrup, (05263/ 9 55 08 25)

Schloss Barntrup

Wer alle Kunstwerke sehen möchte, kann auf kurzen zum Teil mit Wegweisern versehenen Stichwegen weitere Kunstobjekte erreichen. Über den Kunstpfad informiert eine Broschüre der Stadt Barntrup, die auch auf der Webseite der Stadt eingesehen werden kann. Dort gibt es auch Informationen zur Stadtgeschichte und zu wichtigen Sehenswürdigkeiten.

Barntruper Kunstpfad

Noch vor wenigen Jahrzehnten mussten lippische Grundschüler den folgenden Spruch im lippischen Platt lernen – den lippischen Städtekranz.

De lippske Städtekrans

Deppelt dat hauge Fest,
Lemje dat Hexennest,
Hauern de Kreone,
Blomberg de Bleome,
Iufeln dat Soltfatt,
Barntrup well auk nau watt,
Loge de Suckerstadt,
Schötmar geuht eugen Patt,
Ankhuisen Tönsbergstadt,
Molerstadt is Schwalenberg:
De lippske Städtekrans es ferg!

Rathaus

Versuchen Sie eine Übersetzung! Den hochdeutschen Text finden Sie am Ende der Beschreibung.

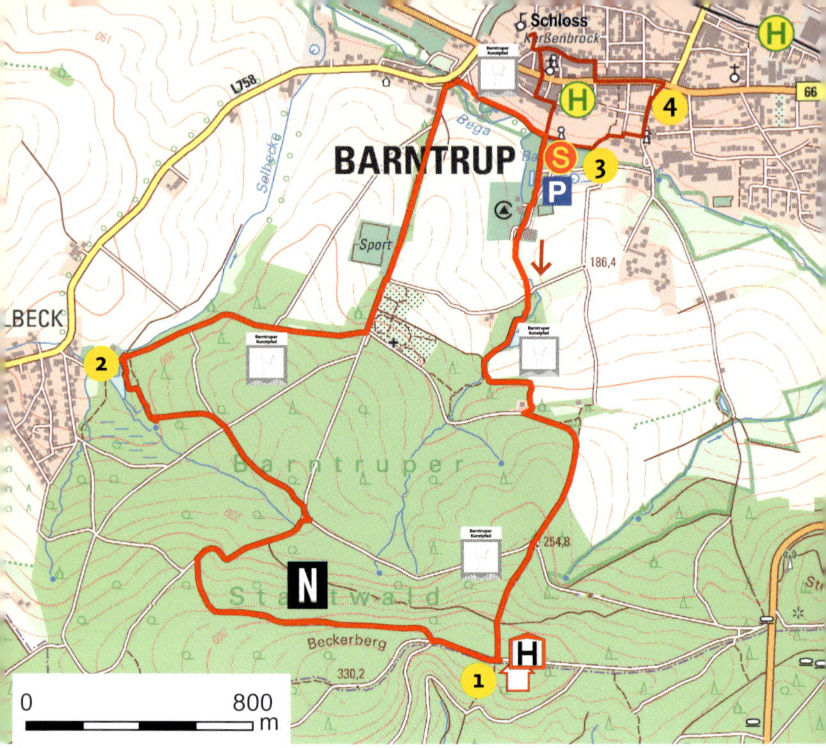

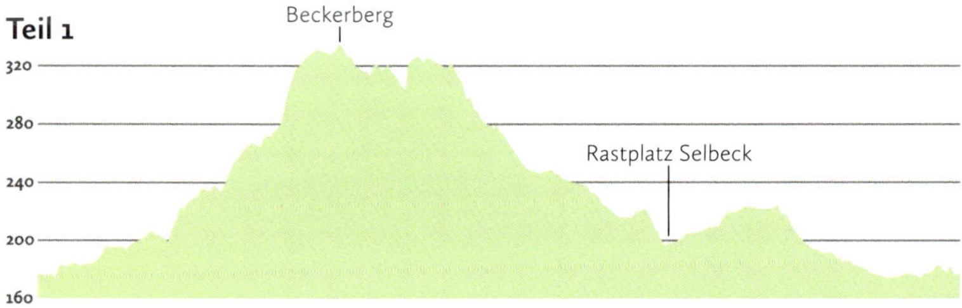

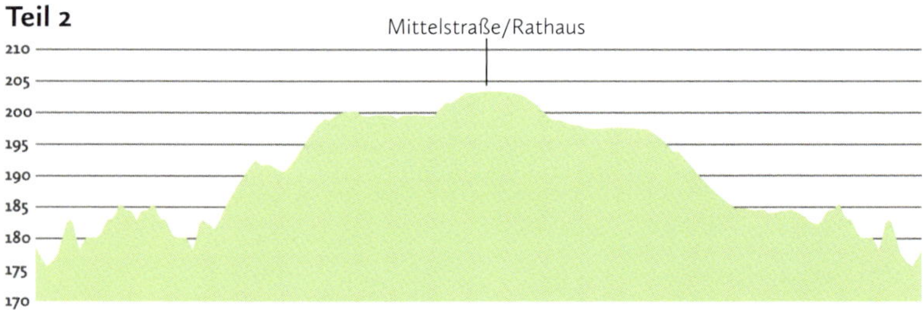

Der Städtekranz befindet sich auf einer Tafel am Barntruper Rathaus und legt nahe, dass die Barntruper an sich zur Selbstironie fähig sind. Der vorgeschlagene Wanderweg und insbesondere die Kunstobjekte beweisen, dass Barntrup etwas Besonderes hat. Die Werke bieten vielfältige Anregungen, sich mit Fragen des Lebens und geschichtlichen Themen auseinanderzusetzen.

Wir legen in der Beschreibung den Schwerpunkt auf Kunstwerke, die sich mit der Geschichte der kleinen Stadt beschäftigen.

1. Wanderung in der Beganiederung und im Stadtwald

Sportanlage am Freibad

Wir starten die Wanderung an dem schon seit 1925 bestehenden Barntruper Freibad, an dem ausreichend Parkplätze vorhanden sind. Direkt nebenan liegt der Ferienpark Teutoburger Wald, der von einer aus den Niederlanden stammenden Familie betrieben und von vielen niederländischen Touristen besucht wird. Wir befinden uns im Naherholungsgebiet „Hainbach“ (oft fälschlich Hahnebach) mit Spiel- und Sportangeboten und natürlich Kunstwerken. Unser Weg folgt dem Bach, der von Bäumen und Sträuchern begleitet, durch Ackerflächen führt. An einer Aussicht reicht der Blick in Richtung Osten und Nordosten, vom Gewerbegebiet in Barntrup bis hin zum Steinbruch im Barntruper Stadtteil Sonneborn.

Bald fällt der Blick auf einen nicht zu übersehenden roten Stuhl („Wallbaums Ruh“). Er erinnert an den Wirt des Hotels „Deutsches Haus“ Herrn Wallbaum. Er hatte hier einst eine Wassertretstelle eingerichtet. Sein Anliegen war schon damals, die Spaziergänger zur Muße und Besinnung aufzurufen. Hinter dem „roten Stuhl“ fällt der Blick auf eine Zwillingseiche, die Wilhelm H. Schürmann zu einem Gedicht inspiriert hat, das man auf einer Tafel lesen kann.

Die Teiche am Hainbach wurden schon in den 20er Jahren des letzten Jahrhunderts vom Barntruper Kaufmann Ernst Tintel mit Unterstützung des damaligen Bürgermeisters Wedderwille angelegt. Einer der Teiche diente bis zum Jahr 1950 als Schwimmteich, auf den die darin verankerte Skulptur „Schwimmer“ hinweist.

Die Barntruper sind gern am Wasser unterwegs, weshalb man wenige Meter weiter die von Wolfgang Redeker entworfene Skulptur „Der Barntruper“ findet.

Skulptur WALLBAUMS RUH

Der Barntruper Kunstpfad

Initiator des Barntruper Kunstpfades ist der in Barntrup lebende Künstler Wolfgang Redeker. Er verfolgte ab 2010 zusammen mit anderen Künstlern mit vielen Unterstützern aus der Bürgerschaft das Ziel, mit verschiedenen Skulpturen aus Stein, Metall oder Holz das Umfeld von Barntrup attraktiver zu gestalten. Die Themen bieten vielfältige Angebote zum Nachdenken. Einige Kunstobjekte haben einen Bezug zur Ortsgeschichte. Auch das örtliche Gymnasium beteiligt sich mit Kursen an dem Projekt.

Eine Broschüre zum Kunstpfad mit Bildern und Erläuterungen der Kunstwerke liegt im Rathaus der Stadt Barntrup aus. Sie kann auch auf der Internetseite der Stadt heruntergeladen werden.

In der Broschüre der Stadt Barntrup zum Kunstpfad war man so mutig, den Barntruper zu charakterisieren: *„Der Barntruper ist Lokalpatriot, steht für sein Städtchen mit dem beeindruckenden Weserrenaissance-Schloss, der lieblichen Landschaft und den schönen Wanderwegen. Er liebt das einfache Leben, ist fleißig und sichert so seine Grundbedürfnisse. Seit Barntrup 1376 die Stadtrechte erhielt, muss er mit dem Spottspruch „Barntrup will auch noch was“ leben. Mit dieser Aussage kokettiert er jedoch gerne. Seine Sparsamkeit ist legendär und solange man ihn finanziell nicht überstrapaziert, liebt er die Gesellschaft in froher Runde.“*

Bevor die Stadt im 14. Jahrhundert auf dem Hügelrücken oberhalb der Bega neu errichtet wurde, siedelten Ackerbauern in der fruchtbaren Beganiederung. Eine der Vorgängersiedlungen von Barntrup trug den Namen Heyenthorpe.

Vom Wanderkreuz „Das Dreieck“ (mit Skulptur) – hier stoßen Drosselweg, Philosophenweg und Tannenweg aufeinander – führt ein schmaler, recht steiler Waldpfad, weiterhin als Kunstpfad gekennzeichnet, geradeaus zur schönen *Blockhütte* (1) auf dem Beckerberg mit einer Sitzgruppe im Freien. Hier verlaufen weitere Wanderwege wie der „Weg der Blicke“ und der „Nelkenweg“, der Rundweg um Blomberg. Wir folgen dem Kammweg durch den Buchenhochwald nach rechts mit Blicken auf Blomberg im Süden. Am Zielwegweiserstandort „Teufelsbrücke“ (die Herkunft des Namens ist nicht bekannt) führt der geschotterte Wanderweg nach rechts bergab bis zur Friedenseiche (gepflanzt nach dem Deutsch-Französischen Krieg 1870/71) und der Skulptur „Frieden“. Die Eiche und zwei miteinander verbundene Menschen (siehe Foto) zeigen zwei Perspektiven auf das Thema „Frieden“. Nach wenigen Metern Forstweg dürfen wir dann den Abzweig

Weg der Blicke

N

Nelkenweg

Blockhütte Beckerberg

links auf einen Waldpfad in Richtung Selbeck nicht verpassen. Der Pfad führt durch lichten Wald, aber auch durch eine junge Aufforstungsfläche an einem Teich vorbei an den Rand des kleinen Barntruper Ortsteils.

Am Ortsrand lädt ein schöner Rastplatz mit Spielflächen und einem Teich zu einer Pause ein. Hier befindet sich das neue *Dorfgemeinschaftshaus* (2), das vom Ziegler- und Heimatverein Selbeck errichtet worden ist. Mit Zieglern meint man Wanderarbeiter, die vom Ende des 18. Jahrhunderts bis in die 1950er Jahre in den Niederlanden und in Norddeutschland als Wanderarbeiter in Ziegeleien gearbeitet haben.

Überwiegend am Waldrand entlang, mit Blicken auf die Stadt Barntrup, aber am Horizont nach Nordnordost auch auf die Burg Sternberg, erreichen wir den Barntruper Friedhof.

Ein schnurgerader Fußweg führt in Richtung der Kernstadt. Der asphaltierte Weg verläuft parallel zur von Obstbäumen gesäumten Straße. Fußweg und Straße verlaufen in einer Senke, vielleicht ein ehemaliger Hohlweg. Oberhalb befinden sich Ackerflächen, auf der linken Seite ist Ton abgebaut worden. An der Stelle, wo heute im Waldstadion Fußball gespielt wird, befand sich 1882–1927 die Ziegelei Drewes. Daran und an die schon erwähnte Wanderziegelei erinnert die Skulptur „Ziegelstein“ von Sieglinde Strohmeier. Rund um die Skulptur ist ein schöner Rastplatz angelegt worden. An der Hangkante kann man vom Rand der Ackerfläche von einer Landschaftsliege auf die Stadt Barntrup schauen.

Skulptur Ziegelstein von Sieglinde Strohmeier in der Nähe einer ehemaligen Ziegelei

Untere Straße

Blutbuchenallee – eine lebendige Zeitzeugin

Im Ersten Weltkrieg sind 106 Barntruper Männer vorwiegend auf den Schlachtfeldern in Nordfrankreich gestorben. Im Jahr 1923 wurde ein Denkmal für die Gefallenen an der Mauer des Kirchhofes an der Mittelstraße errichtet, direkt vor der evangelisch-reformierten Kirche. Den Nationalsozialisten reichte die eher unscheinbare Tafel nicht, sie wollten die Helden für ihre Propaganda vereinnahmen und ein spektakuläres Zeichen setzen. Sie ließen für jeden Gefallenen eine Blutbuche pflanzen. Die Allee sollte für alle Zeiten an „unvergleichliches Heldentum" erinnern. Neben der Pflanzung wurde die Bega im Bereich der neuen Allee mit Kiesweg für diesen Zweck begradigt.

Nachdem wir das Flüsschen Bega überquert haben, stoßen wir auf einer Wiese (mit einer rustikalen Sitzgarnitur) auf die Skulptur „Gedanken" von Wolfgang Redeker.

Wir folgen der Bega nach rechts flussaufwärts. Die Bega entspringt in Osterröden, südöstlich der Kernstadt von Barntrup, im nördlichen Blomberger Stadtwald. In Barntrup führt sie oft nur sehr wenig oder sogar überhaupt kein Wasser. Das muss im 19. Jahrhundert anders gewesen sein. Daran erinnern der Mühlstein und auch der Mühlenteich (Thies Mühle), den wir der Bega folgend erreichen. Der Weg an der Bega trägt den Namen **Blutbuchenallee**. Nach rechts abbiegend erreichen wird wieder den Parkplatz am Schwimmbad. Es empfiehlt sich ein Abstecher zur *Skulptur „Sonnentraum"* (3).

2. Stadtspaziergang auf dem Kunstpfad

Der Wanderweg Kunstpfad gibt Einblicke in die Geschichte der Stadt Barntrup, die zu Beginn des 14. Jahrhunderts nach einem festen Plan im Dreistraßensystem neu gegründet wurde (Untere Straße, Mittelstraße und Obere Straße). Vom Freibad aus steigen wir durch „hängende Gärten" zur Stadt hinauf. Eine Stiege führt zur Unteren Straße mit schönen Fachwerkhäusern.

Blutbuchenallee an der Bega

Von dort geht es weiter zum Rathaus und zur evangelisch-reformierten Pfarrkirche (errichtet 1317), die im 17. Jahrhundert nach einen Brand wieder aufgebaut und im Inneren neu gestaltet wurde. Nach wenigen Metern erreichen wir das Weserrenaissanceschloss der Familie von Kerßenbrock, mit dessen Bau 1584 begonnen wurde. Die Geschichte der Familie in Barntrup beginnt im 15. Jahrhundert mit dem Niederen Hof an der Oberen Straße. Sie gelangte durch Erbschaften, Verpfändungen und Verpachtungen zu ansehnlichem Vermögen. Unklar ist, ob der Wohlstand auch auf die Tätigkeit von Franz d. J. von Kerßenbrock als Söldnerführer in den Hugenottenkriegen im 16. Jahrhundert in Frankreich zurückzuführen ist.

Nahe dem Tor zum Schlosshof befindet sich das Kunstwerk „Holzfinne" von Sieglinde Strohmeier. Es erinnert daran, dass es in Barntrup üblich war, das Brennholz für den Winter in einer Finne vor dem Haus aufzuschichten und zu trocknen. Allerdings geschah dies nicht in einem Drahtbehälter, wie das Kunstwerk nahelegen könnte.

Den Marktplatz erreicht man über die Obere Straße. Über „Am Markt" geht es weiter zu der seit 2024 durch die Fertigstellung der Umgehungsstraße entlastete Mittelstraße.

Wenn man der Mittelstraße nach links folgt, kann man im Innenhof der alten Stenebergschen Zigarrenfabrik Mittelstraße/Ecke Wolfsstraße (heute Stadtbücherei) das Kunstwerk Zigarre bestaunen. Auf Höhe der Bahnhofstraße Bahnhofstraße erreicht man den schön gestalteten und vom Heimatverein gepflegten kleinen *Stadtpark* (4) mit verschiedenen Kunstobjekten. Das Kunstwerk „Zigarre" befindet sich im Innenhof der alten Stenebergschen Zigarrenfabrik Mittelstraße, Ecke Wolfstraße.

Der Wanderweg führt dann über den Parkplatz der Grundschule und die **Blutbuchenallee** zurück zum Freibad.

Auflösung Städtekranz

Der Lippische Städtekranz

Detmold die hohe Festung,
Lemgo das Hexennest,
Horn die Krone,
Blomberg die Blume,
Salzuflen das Salzfass,
Barntrup will auch noch was,
Lage die Zuckerstadt,
Schötmar geht eigene Wege,
Oerlinghausen Tönsbergstadt,
Malerstadt ist Schwalenberg:
Der lippische Städtekranz ist fertig!

Winterberg und Herlingsburg – eine Waldrunde bei Blomberg-Eschenbruch

Gerhard Nagel

Das wenig bekannte Naturschutzgebiet „Wälder bei Blomberg“ ist ein guter Ort für ruhige und entspannte Wanderungen. Ein bewegtes Relief bietet ein interessantes Auf und Ab, vor allem dann, wenn man die Runde zur Herlingsburg und/oder die Klingenbachschleife mit einbezieht.
Die höchsten Erhebungen sind der Winterberg mit 429 m üNN und der markante Gipfel der Herlingsburg (350 m üNN) mit den Resten einer eisenzeitlichen Wallanlage.

Start: Parkplatz am Dienstweg links von der Kreisstraße Glashütte – Eschenbruch (ohne Parkplatzkennzeichen, auf der ehemaligen Trasse der Kreisstraße) oder in Blomberg-Eschenbruch, am Friedhof (siehe Karte).
Alternativ: Den Weg kann man auch von Siekholz (Ortsteil von Schieder-Schwalenberg) erreichen. (siehe Ausschilderung vor Ort)
Start-/Zielkoordinaten:

- DG: 51.954554; 9.172879
- UTM: 32 U 511880.27; 5755997.71
- w3w: ///brachte.geschoben.ihrem

Länge: Hauptroute 7,5 km, mit Klingenbachschleife 11 km, Abstecher zur Herlingsburg 5 km, recht steiler Anstieg
Höchster Punkt: 410 m üNN
Niedrigster Punkt: 290 m üNN
Gesamtaufstieg: 180 m
Wegebeschaffenheit (Hauptroute):

- Naturbelassene Wege: 1,31 km (18 %)
- Befestigte Wege: 6,03 km (80 %)
- Asphalt/Pflaster: 0,16 km (2 %)

Markierung: Die Hauptroute ist mit dem Zeichen „Wald im Wandel“ versehen. An einer wichtigen Stelle, dem Hangweg am Osthang des Winterberges (1. Etappe), stimmt die Kennzeichnung in der Natur nicht mit der aktuellen Wanderkarte Lippischer Südosten und den Wandertafeln überein. Auf der Infotafel ist der Weg leider nicht ganz richtig dargestellt.
Zur Herlingsburg folgt man dem Fernwanderweg Burgensteig (X 2).
Parken: Parkplatz am Dienstweg oder Friedhof Eschenbruch
ÖPNV: Buslinie 789 Blomberg-Eschenbruch oder LIMO (Anruflinienfahrt)
Einkehrmöglichkeiten: In erreichbarer Nähe:

- Moses Hütte, Am Staudamm 1, 32816 Schieder-Schwalenberg, (05282/ 18 63)

Blick auf die Herlingsburg und den Winterberg mit Eschenbruch aus Osten

Auf dem „Wald im Wandel“-Weg kann man „nebenbei“ einen Eindruck über die Folgen des Klimawandels und den beginnenden „Waldumbau“ gewinnen.

1. Etappe: Parkplatz am Dienstweg – Melchers Ruh – Kuppe Winterberg (4,3 km)

Der Parkplatz am Dienstweg wird auf einem schmalen Pfad in südlicher Richtung verlassen. Danach geht es steil nach rechts in einem Hohlweg hinauf. Bevor man außer Atem gerät, zweigt unser Weg nach links ab. Dieser am Osthang des langgestreckten Winterbergs verlaufende Weg wurde nach einem Eisbruch Anfang der 1990er Jahre angelegt. Ein tagelanger Eisregen verwandelte den bewaldeten Hang des Winterberges in ein riesiges Mikadospiel, kein Baum stand mehr aufrecht. An den nach Eisbruch wieder aufgeforsteten Osthängen des Winterbergs stocken u. a. Bergahornbestände. Unter den zeitgleich angepflanzten Eschen richtet ein Schadpilz, das Falsche Weiße Stängelbecherchen, mittlerweile großen irreparablen Schaden an.

Grüß Gott am Winterberg

Entlang der Wegböschung sind immer wieder die zerklüfteten der Verwitterung ausgesetzten Schichten des Steinmergel, im Mittleren Keuper entstandene Sedimentgesteine, aufgeschlossen. Im späteren

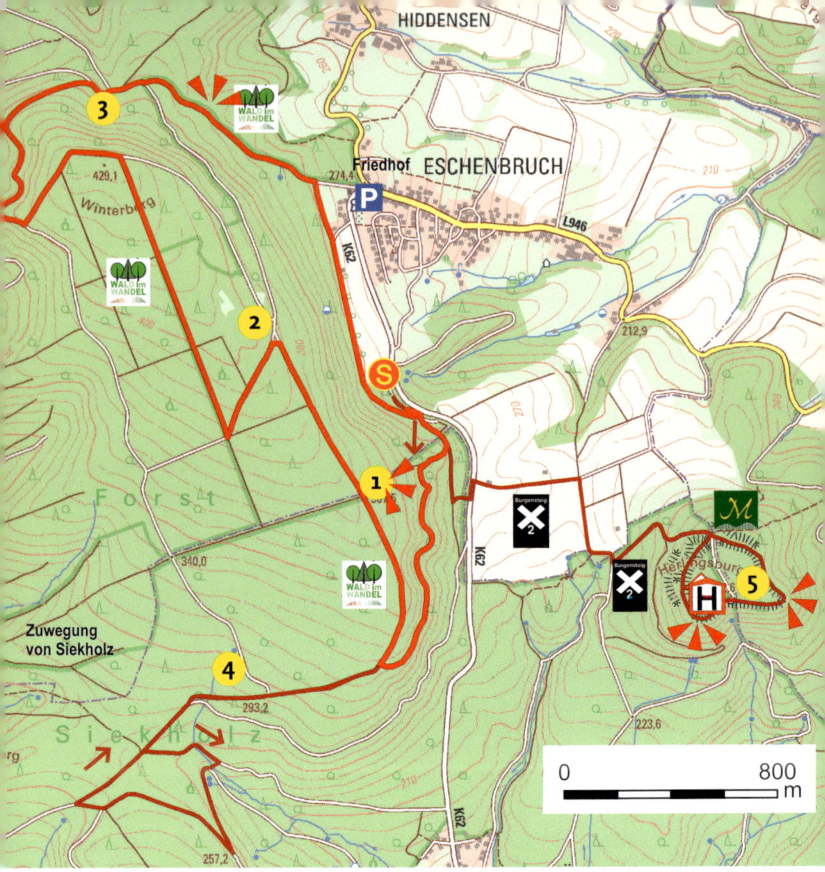

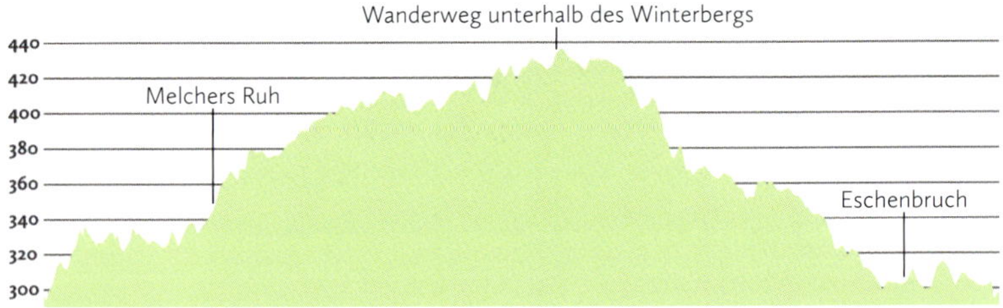

Winterberg
WALD im WANDEL
Wald im Wandel

Verlauf des Weges finden sich im Hangschutt zunehmend Sandsteine aus dem Oberen Keuper.

Diese haben sich aus der Rhätsandsteinschicht gelöst, die die Hochfläche des Winterberges vor Abtragung schützt. Wer möchte kann hier einen Stein auflesen und diesen am „Grüß Gott“, dem wir gleich begegnen werden, ablegen.

An der Einmündung in eine befestigte Forststraße angekommen, biegt die Hauptroute nach rechts und die Klingenbachschleife nach links ab.

Auf der Hauptroute treffen wir dann bald „Grüß Gott“ (vor vielen Jahren initiiert von einem niederländischen Wandergast), und können dort unseren Lesestein ablegen.

Nach kurzem Anstieg erreichen wir *„Melchers Ruh“* (1), einen ganz besonderen Rastplatz mit bester Aussicht:

Am rechten Bildrand die auffällig isolierte Kuppe der Herlingsburg, in Richtung Osten das Tal der Meinte und dahinter das Hagen-Pyrmonter Bergland und die Ottensteiner Hochfläche. Melchers Ruh wurde von der Eschenbrucher Dorfgemeinschaft angelegt (Foto) und erinnert an einen Förster gleichen Namens, der sich hier regelmäßig ausgiebige Pausen gegönnt haben soll.

Schild am Rastplatz Melcher Ruh

Wir folgen anschließend dem Forstweg weiter Richtung Norden, links begleitet vom sanft ansteigenden Rücken des Winterberges, rechts gewähren Schneisen immer wieder weite Ausblicke Richtung Osten.

Der Winterberg war bis vor kurzem in seinen höheren Lagen von dichten Fichtenforsten geprägt, die in den 1950er Jahren angelegt wurden. Die Fichten sind samt und sonders den Folgen des Klimawandels zum Opfer gefallen.

Scharf nach links führt der Weg weiter quer durch die große Kalamitätsfläche über den Buckel des Winterberges. Von dieser Anhöhe aus reicht der Blick bis zum Köterberg. . Rechts liegt hier ein im Rhätsandstein angelegter, jetzt offen gelassener *Steinbruch* (2). Die Sandsteine wurden zur Gewinnung von Baumaterial in den 1950er Jahren durch einen für die Zeit recht großen Steinbruchbetrieb abgebaut. Das Gestein gelangte mittels Seilbahn zum Abtransport hinunter nach Eschenbruch. Das ehemalige Steinbruchgelände wurde mittlerweile von der Natur zurückerobert, es hat sich ein ganz eigenes Biotop gebildet.

An der nächsten Wegkreuzung – „Stern" genannt – biegen wir nach rechts ab. Die vor uns liegende Wanderstrecke führt gefühlt endlos geradeaus zum höchsten Punkt der Wanderung und wird „Langer Sepp" genannt.

Steinbruch

Winterstimmung am Winterberg

Ab dem „Stern“ begleitet links Buchenhochwald diesen Abschnitt, rechts gilt unterschiedlich aufgeforsteten Waldparzellen die Aufmerksamkeit. Ist der höchste Punkt erreicht, wird ein alter Buchenbestand nach links Richtung Westen auf natürlichem Untergrund durchwandert. Hier befand sich einst ein Trigonometrischer Punkt mit Aussichtskanzel. Trigonometrische Punkte wurden an exponierten Stellen im Gelände errichtet und halfen bei der Landvermessung.

Übrigens, der Winterberg, der alles überragende Blomberger Hausberg, trägt seinen Namen zu Recht. Im Winterhalbjahr ist es auf seiner langgezogenen Kuppe oft schon bzw. noch frostig, während in den tieferen Lagen keine winterlichen Bedingungen herrschen.

2. Etappe: Westhang des Winterberges – Ortsrand Eschenbuch – Dienstweg (3,2 km)

Wir wenden uns, immer dem Zeichen „Wald im Wandel“ folgend, nach rechts und wandern auf einer Forststraße. In Windungen geht es manchmal ziemlich holprig leicht bergab, immer an den Abhängen des Winterberges entlang bis zum „*Marktplatz*“ (3), einer weiteren großen Wegkreuzung. Auf dem Weg dorthin passieren wir am Westhang des Winterberges den sogenannten Wendelstein. Hier ist durch eine vom Klimawandel geschaffene Sichtachse ein neuer Blick auf das Blomberger Becken entstanden. Später rückt auch noch Barntrup in den Blick.

Ab Marktplatz findet die Wanderung ihre Fortsetzung auf dem aus Richtung Eschenbruch kommenden sogenannten Kirchweg bis kurz vor den Ortsrand. Hier gestattet eine von geschädigten Fichten befreite Fläche eine schöne Aussicht auf die nördlich gelegenen Höhen rund um das niedersächsische Dorf Hagen (Ortsteil von Bad Pyrmont).

Grasweg oberhalb von Eschenbruch

Oberhalb Eschenbruchs geht es nun scharf nach rechts auf einem naturbelassenen Pfad an einem aussichtsreichen Waldrand entlang zurück zum Ausgangspunkt am Dienstweg.

Klingenbachschleife (3,5 km)

An der Einmündung des Hangweges wandern wir nach links talwärts Richtung Schieder/Siekholz. Durch unterschiedliche Buchenbestände (Naturverjüngung, forstwirtschaftlich genutzte Flächen) gelangen wir zum „Klingenpass“, der Passhöhe zwischen Siekholz und Glashütte. Rechts entspringt hier am *Taubenborn* (4), einer Schichtquelle, der Klingenbach. Höchst unwahrscheinlich, dass hier sich kreuzende Klingen die Namenspaten waren. Es liegt nahe, dass der Klang des über felsigen Untergrund ablaufende Bächlein namensgebend war. An der nächsten Wegkreuzung sind wir fast in Afrika, von hier sind es nämlich nur 2 Kilometer bis nach Kamerun!

Ruhebank am Klingenbach

Schild an der Schutzhütte

Um uns noch einen besonders interessanten Teil des Klingenbaches anzuschauen, gehen wir, der Beschilderung folgend, eine kleine Schleife, wählen den Hauptweg nach links und queren den Bach ein zweites Mal. Etwa 100 Meter weiter müssen wir auf einen versteckten Pfad achten, der steil nach rechts zu einer hölzernen kleinen Brücke führt. Hier überqueren wir erneut den Klingenbach, der hier oft schon wesentlich mehr Wasser führt. Das Wasser ist hier so sauber, dass es als Kinderstube von Feuersalamandern dient. Ausgewachsene Exemplare begegnen einem hier in der Morgen- und Abenddämmerung. Die Salamanderlarven können im Bach gesichtet werden.

Aus dem Tal heraus folgt man einer Forststraße Richtung Kleiner Heinberg. Bei nächster Gelegenheit wenden wir uns scharf nach rechts. Im weiteren Verlauf befinden wir uns nach einem weiteren Rechtsschwenk auf dem Rehbergweg zurück Richtung Klingenpass. Hier sind auf einer großen

Grenzsteine im Bereich der Herlingsburg – der Pyrmonter Hals

Der Grenzverlauf im Bereich der Herlingsburg, der noch heute anhand zahlreicher Grenzsteine nachvollzogen werden kann, ist bereits uralt. Erwähnt wurde er erstmalig 1668, als man den Ort Lügde aus der seit 1184 bestehenden Grafschaft Pyrmont abtrennte. Im Zuge des Abschnadungs-Rezesses (Grenzvertrag) wurden 75 Grenzsteine um Lügde herum aufgestellt. Diese bildeten die Grenze zwischen Lügde und Pyrmont. Bei der Grenzbildung entstand von hier bis hinunter zur Kixmühle der sogenannte „Pyrmonter Hals", ein Gebietsstreifen von nur 50 bis 300 Metern Breite.

Als Lügde an das Königreich Preußen fiel, wurde die Grenze neu vermessen. 303 Grenzsteine wurden 1844 an Stelle der alten 75 Steine gesetzt. Auf der Lügde zugewandten Seite wurden das Kürzel „KP" (Königreich Preußen) und die Jahreszahl 1844 in die Grenzsteine geschlagen. Auf der Pyrmonter Seite stand das Kürzel „FWP" (Fürstentum Waldeck-Pyrmont) und die Nummer des Steines (siehe auch Wanderung Nr. 9). Die Grenzsteine wurden so aufgestellt, dass die Ausrichtung der Seitenfläche auf den Standort des nächsten Grenzsteins zeigt. So lässt sich der Grenzverlauf mühelos verfolgen.

1923 wurde die Grenze im Bereich der Herlingsburg ein letztes Mal geändert. Der Pyrmonter Hals kam in Lügder Besitz im Tausch für Flächen des Pyrmonter Bahnhofs, der seit seiner Errichtung auf Lügder Gebiet stand. Die Gesamtlänge der Lügder-Bad Pyrmonter Grenze beträgt heute ca. 21.900 Meter.

Kahlfläche Douglasien angepflanzt worden, aber auch die Rotfichte soll hier auf der recht feuchten Fläche noch eine Chance bekommen. Vom Klingenpass wandern wir auf dem schon bekannten Weg in Richtung Melchers Ruh.

Abstecher zur Herlingsburg (5 km)

Der Abstecher zur **Herlingsburg** (5) beginnt am Parkplatz Dienstweg. Dieser Abstecher ist, auch wenn mit etwas Anstrengung verbunden, absolut zu empfehlen.

Unser Weg folgt nach rechts dem Burgensteig (X 2), parallel zur Kreisstraße Richtung Glashütte. Er quert die Kreis-

Blick von der Herlingsburg auf den Schiedersee

Mythen-
weg

straße nach links und führt zunächst durch landwirtschaftlich genutzte offene Flächen. Im Wald angekommen geht es steil nach links ansteigend hinauf zur Herlingsburg. Auf der Infotafel im Zugang zu der Wallanlage sind ausführliche Informationen zu finden. Zur lohnenswerten Umrundung der Anlage wählt man am besten den Pfad gleich rechts nach dem Eingang und folgt ihm in südlicher Richtung, die Zeichen des Mythenwegs im Blick. Eine Schutzhütte hat an dieser Stelle ihren zweiten Standort bekommen. Angehörige einer bis in die 90er des letzten Jahrhunderts in Blomberg stationierten niederländischen Nato-Einheit hatten sie zunächst am Südhang des Heinberges errichtet. Im Zuge eines dort groß angelegten Kahlschlages, wurde die Hütte in einer Sonderaktion der Forstabteilung des Landesverbandes Lippe auf die Herlingsburg versetzt. Die Umrundung der Herlingsburg erlaubt Ausblicke auf den Schiedersee, auf das Mörth, den Köterberg, das Emmertal und die Ottensteiner Hochfläche.

Auf der Hochfläche wird die Wanderung zu einem Grenzgang. An der ehemaligen Grenze zwischen dem Fürstentum Lippe und der Grafschaft Waldeck-Pyrmont stehen gut erhaltene **Grenzsteine** in Reih und Glied.

Nach der Umrundung der Wallburg wieder am Eingang angekommen, erfolgt der Rückweg zum Parkplatz wieder über den Burgensteig (X 2).

Herlingsburg Westseite

5. Eisenzeitliche Wallanlage auf dem Keuperberg, die Herlingsburg

Eine mittelalterliche Burg darf man nicht erwarten, denn die Herlingsburg ist die am besten erhaltene Höhenbefestigung Ostwestfalens aus der vorrömischen Eisenzeit um 100 v. Chr. Es gibt in der Region keine andere Befestigungsanlage mit so konsequenter Anpassung an die Geländegegebenheiten, mit günstiger Ausgangsbasis für Verteidigungszwecke.

Die für die späte Eisenzeit charakteristische Wallanlage hat einen ringförmigen Hauptwall und mehrere Vorwälle und Gräben. Für die Wälle wurde steiniges Material aufgeschüttet und an den Innen- und Außenseiten mit Palisaden befestigt. Wie Ausgrabungen belegen, wurde die Anlage mehr als 1.000 Jahre lang von den Menschen der Region als Versammlungsort, Kultstätte und als Zuflucht genutzt. Sogar ein Brunnen versorgte sie auf der Bergkuppe mit Wasser.

Bis zu vier Meter hohe Befestigungswälle umschließen eine Fläche von annähernd sechs Hektar. Die nach Norden ausgerichtete Wallanlage wird durch hangabwärts liegende Vorwälle und Terrassen geschützt. Die Anordnung der Außenbastionen und die außerhalb des Ringwalles im Südwesten erkennbaren Wegspuren lassen eine Zuführung erkennen, die im Wesentlichen den heutigen Waldwirtschaftswegen entspricht. Den Südhang ins Tal der Emmer nutzten die damaligen Bewohner als Viehweide. Er wurde mehrfach terrassiert und durch einen schwachen Vorwall eingerahmt. Hier befindet sich zudem ein Quellhorizont mit mehreren Quellmulden.

Ob die Herlingsburg als Wehranlage oder Fliehburg der Bevölkerung, zur Kontrolle von Fernwegen oder zu Repräsentationszwecken diente, ist ungewiss. Reichlich Sagen und Mythen ranken um den Hügel und die Befestigungsanlage. So wird ein Teil der Burggeschichte den Cheruskern zugeschrieben. Aus dem Grund soll Ernst von Bandel, der Baumeister des Hermannsdenkmals auf der Grotenburg bei Detmold, auch den Keuperberg auf seiner Liste von Standorten geführt haben. Deshalb wird der Berg auch als „Hermannsberg“ bezeichnet.

Auf dem Kirchweg von Lügde zu den Höhendörfern der Ottensteiner Hochfläche

Johannes Kopel-Varchmin, Andreas Rahns

Die Wanderung auf den Kirchberg bei Lügde bietet, fernab von Straßen, Einblicke in die Geschichte des Ortes und beeindruckende Aussichten von der Ottensteiner Hochfläche auf Lippe. Es empfiehlt sich, die Wanderung mit einem Besuch der Kilianskirche, dem historischen Stadtkern und dem Emmerauenpark zu verbinden.

Start: Parkplatz an der St. Kilianskirche, Höxterstraße, 32676 Lügde
Alternativ: Ab Bahnhof Lügde als Variante
Start-/Zielkoordinaten:

- DG: 51.951852; 9.243639
- UTM: 32U 516743.876; 5755711.112
- w3w: ///leiten.anstiege.bewachsene

Länge: 7,3 km
Höchster Punkt: 281 m üNN
Niedrigster Punkt: 107 m üNN
Gesamtaufstieg: 174 Meter
Wegbeschaffenheit:

- Naturnahe Wege: 4,5 km (62 %)
- Befestigte Wege: 1,3 km (18 %)
- Asphalt/Pflaster: 1,5 km (20 %)

Markierung: Durch die Wegweiser (siehe Foto) ist der Weg gut zu finden, wenn man ihn wie hier empfohlen, im Uhrzeigersinn geht. Als derzeit reine Digitalroute ist der Weg auf der Wanderkarte bei der Kilianskirche und in der Zielwegweisung nicht enthalten.
ÖPNV: Bahn S5, Bhf. Lügde (15 Minuten Fußweg); Buslinien 761, 732 und 761, Touristiklinie 792 (an Wochenenden von Ostern bis 1. November), Haltestelle Zu den zwei Linden (4 Minuten Fußweg); Bürgerbus Lügde, Buslinie 763, Haltestelle Zu den zwei Linden (Infos und Fahrplan unter www.luegde.de)
Einkehrmöglichkeiten:

- Museumscafé Lügde, Hintere Str. 86, Öffnungszeiten siehe www.luegde-heimatmuseum.de
- Café Liuhidi (Kinkerlitzken), Vordere Straße 1, (05281/ 1 63 45 84)
- Café Tender (im Bahnhof) Bahnhofstraße 12 (05281/ 6 20 74 00)
- Café Berlage, Bahnhofstraße 5 (05281/ 71 71)
- Hotel/Restaurant Westfälischer Hof, Bahnhofstraße 25 (05281/98960)

Als Variante kann man vom Bahnhof über die Waldstraße am Jüdischen Friedhof vorbei zur Straße „An der Roten Kuhle“ gehen. Von dort führt ein Pfad zunächst am Hang, dann bergauf an Kleingärten entlang und zum Schluss über die „Hexentreppe“ zum „Unteren Kirchbergweg“. Über einen weiteren Pfad erreicht man die Route auf dem „Oberen Kirchbergweg“ (siehe Karte, ca. 1 km).

Gleich zu Beginn der Tour informiert eine Infotafel auf dem Rücken einer rustikalen Ruhebank über den alten Fernweg, den es hier wahrscheinlich schon 3000 Jahre vor Christus gegeben hat. Er führte in **Lügde** durch eine Furt an der **Kilianskirche** (1) vorbei über die Ottensteiner Hochfläche zur Weser. Die weichen, durchnässten Auenböden der Flusstäler waren in jener Zeit nur schwer passierbar, deshalb verliefen die Wege über die Höhenzüge. Der Weg ist noch heute an vielen Stellen erkennbar.

1. Kilianskirche

Die isolierte Lage außerhalb der Stadtmauern weist daraufhin, dass die Kirche älter ist als die benachbarte Stadt, die ca. 1245 gegründet wurde.
Die weitgehend unverändert erhaltene romanische Gewölbebasilika wurde um 1150 anstelle einer kleinen Hallenkirche errichtet, die Würzburger Missionare um 780 nach Christus erbaut hatten. In dieser Kirche soll Karl der Große im Jahr 784 das Weihnachtsfest gefeiert haben, als er sich mit zwei Heeren in „Villa Liuhidi“, einem in der Nähe der Kirche liegenden Königshof aufhielt.
Um 1200 wurde die Hallenkirche verlängert und im Westturm erhöht. Es entstand in dieser Zeit die heutige Kilianskirche, eine romanische kreuzförmige Gewölbebasilika mit hohem Mittelschiff und niedrigen Seitenschiffen, einem Ostquerhaus, einem Chorquadrat und runden Absiden im Chor wie an den Ostwänden des Querhauses. Die Kreuzgratgewölbe wurden nach Vorlage der Benediktinerklosterkirche zu Lippoldsberg an der Weser entworfen.
Die St. Kilianskirche ist das Wahrzeichen der Stadt und zählt außerdem zu den ältesten Baudenkmälern Westfalens.
Von Ostern bis Ende Oktober ist die die Kirche täglich von 10-18 Uhr geöffnet.

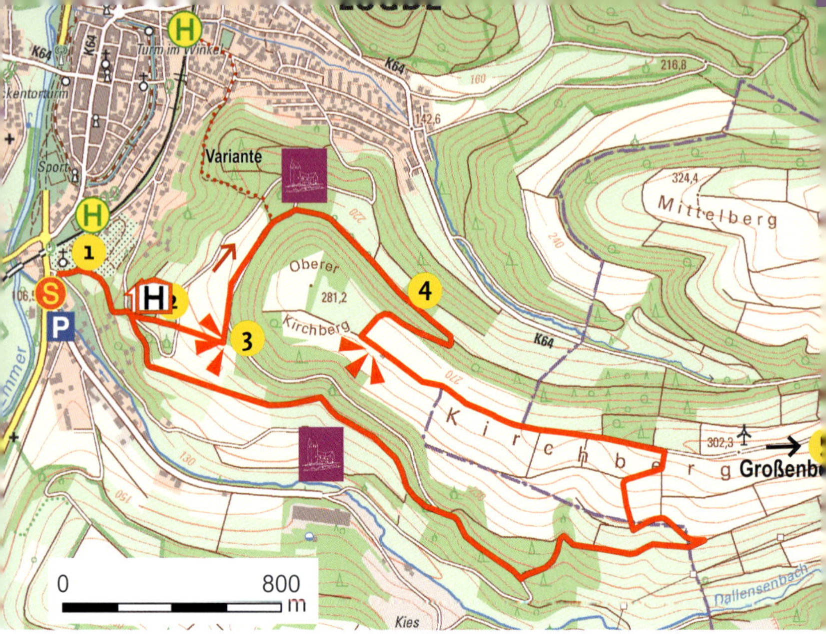

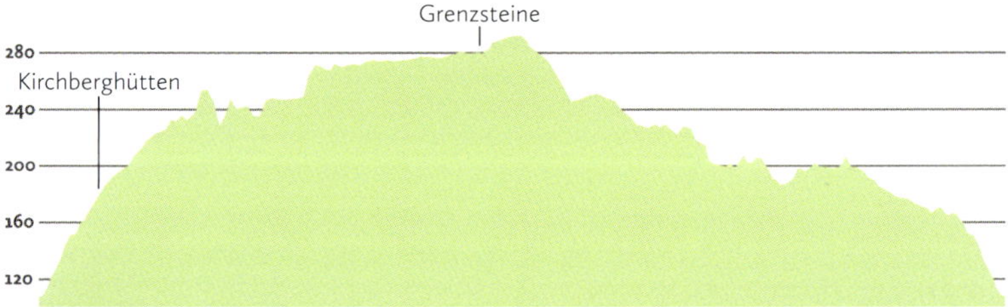

Pilgern in Lippe

Kirch-
bergweg
Lüdge

Informiert wird auch über den alten Kirchweg, der von Dörfern der Ottensteiner Hochfläche zur Kilianskirche führte, dazu aber später.

Die größtenteils unbewaldete Ottensteiner Hochfläche erhebt sich 250 bis 376 m üNN über das Umland, dem Wesertal im Osten, und dem Tal der Emmer im Nordwesten. Namensgebend ist die Ortschaft Ottenstein. Auf der Hochfläche gibt es noch einige weitere Orte. Vom alten Kirchweg blicken wir später auf das oberhalb von Lügde gelegene Dorf Großenberg, einem Ortsteil vom niedersächsischen Bad Pyrmont.

Unsere Route (auch Lippischer Pilgerweg) führt rechts neben der Kilianskirche und dem Friedhof vorbei durch einen Hohlweg bergan zum Freizeitgelände des Heimatvereins, den *Kirchberghütten* (2). Hier verlassen wir schon den Pilgerweg und unsere Route führt gleich rechts an dem Freizeitgelände entlang weiter den Berg hinauf. Beim Verlassen des durch Bäume und Büsche beschatteten Weges queren wir einen asphaltierten Feldweg und folgen einem Grasweg geradeaus, der zu einem hangaufwärts liegenden Wald führt. Eine *Ruhebank* (3) am Waldrand lädt zu einer kurzen Pause ein, um den Blick schweifen zu lassen. Hier haben wir zum ersten Mal einen grandiosen Blick: Lügder Tal, Bad Pyrmont, Mörth und Blomberger Wald bis hin zum Hauptkamm von Teutoburger Wald und Eggegebirge. Der Grasweg verläuft links am Waldrand entlang, mündet auf einen geschotterten Fahrweg, dem wir weiter links hinauf folgen und der schließlich in einer langgezogenen Rechtskurve in den schattigen Wald hineinführt. Wir folgen ihm bis zu einer linkerhand liegenden Wiese. Kurz hinter einem abzweigenden Feldweg, den wir aber links liegen lassen, erreichen wir den „*Schrotplatz*“ (4). Auf dem Rücken einer hier aufgestellten Ruhebank wird über die hiesige Waldgeschichte informiert. Vor etwas über 200 Jahren, nach dem großen Brand in Lügde am 13. September 1797, bei dem innerhalb weniger Stunden 243 der etwa 315 Fachwerkhäuser der zu dieser Zeit rund 2000 Einwohner zählenden Stadt niederbrannten, wurden hier die Eichen zum Wiederaufbau der Gebäude geschlagen. In nur 2 Jahren errichteten die Lügder rund 200 neue Ackerbürgerhäuser, wie noch heute an zahlreichen Jahreszahlen der Jahre zwischen 1797 und 1799 in den Hausinschriften der Torbögen in der Innenstadt zu lesen ist. Die gerodeten Flächen wurden sofort wieder aufgeforstet und die seinerzeit gepflanzten Eichen stehen bis heute. Auf Waldwegen und -pfaden geht es nun in einer Schleife den Hang hinauf, bis wir den Kamm auf dem Kirchberg erreichen. Senkrecht zum Wald überqueren wir die vor uns liegende Wiese auf einem kaum erkennbaren Graspfad. Bereits nach wenigen Metern reicht der Blick bis auf den zunächst geschotterten und im weiteren Verlauf asphaltierten Weg, der Richtung Osten auf der Hochfläche verläuft. Ein Wegweiser zeigt in Richtung einer Aussichtsbank. Der Blick reicht von hier nach Süden und Westen auf das Mörth und das

Ausblick von der Ruhebank nach Westen auf die Herlingsburg und den Winterberg im Hintergrund

Eingangsbereich der Kirchberghütten

Panorama vom Kirchberg Richtung Westen mit der Herlingsburg und dem Winterberg

Tal der Emmer über den Lügder Ortsteil Harzberg in Richtung Schieder.

Wir folgen nach links dem zunächst noch geschotterten Weg, immer geradeaus und leicht bergauf in Richtung der Ortschaft *Großenberg* (5) im Osten. Hier bewegen wir uns wieder auf dem alten Kirchweg, den die Dörfer der Ottensteiner Hochfläche zum Kirchgang in die Kilianskirche nutzten. Auch nach dem Bau der Kirche innerhalb der Stadtmauern Lügdes war die Kilianskirche für die Bergdörfer weiterhin die Hauptkirche. Die Gläubigen mussten an den Pfarrer den sogenannten Pfarrzehnten errichten, auch in Form von Getreide. Die Qualität entsprach jedoch nicht immer den Erwartungen des Pfarrers. Deshalb ist noch heute der folgende Vers in Lügde bekannt:

„Neersen, Baarsen, Eichenborn
liefern mit das schlechte Korn.
Trepen, Rade und Vogelwicken,
sollt ihr mich nicht schicken."

Grenzstein mit Aufschrift F.W.P

Wir passieren bald die Grenze zwischen Lügde und Bad Pyrmont, oder früher zwischen Preußen und Waldeck-Pyrmont, die mit zahlreichen Grenzsteinen markiert ist. Die

„Grenzstadt" Lügde

Die Kernstadt der heutigen Gemeinde Lügde gehört erst seit 1970 zum Kreis Lippe. Im Gegensatz zum übrigen Kreis ist die Kernstadt Lügde katholisch geprägt. Gegründet wurde sie ca. 1249 von den Grafen Schwalenberg/Pyrmont als Planstadt nach dem lippischen Dreistraßenschema (wie z. B. auch Barntrup). Lügde wurde zur „Hauptstadt" der Grafschaft und zur Festungsstadt ausgebaut (mit Stadtmauern und Wehrtürmen). Schon bald mussten die Grafen die Stadt an das Fürstbistum Köln und später an das Fürstbistum Paderborn abtreten. Das Fürstbistum sorgte dafür, dass Einflüsse der Reformation zurückgedrängt wurden und Lügde 1624 wieder katholisch wurde.

Symbol für das katholische Lügde ist das barocke Kloster der Franziskaner-Observanten aus dem 18. Jahrhundert. Im 17. Jahrhundert befand sich das Hochstift im Streit mit der Grafschaft Waldeck um die Erbschaft der Grafschaft Bad Pyrmont. Die Grenzen zwischen Bad Pyrmont und Lügde waren umstritten, sie wurden 1668 vertraglich erst nach einem Vergleich vor dem Reichskammergericht festgelegt (vgl. Wanderung 8, Infokasten Grenzsteine).

Ende des 18. Jahrhunderts zerstörte ein Großbrand weite Teile der Stadt. Mit dem Wiederaufbau entstand das heutige Bild der Altstadt.

Im 19. Jahrhundert kam das Ackerbürgerstädtchen zum Königreich Westfalen und zu Preußen. Lügde wurde eine Exklave des katholisch geprägten Kreises Brakel bzw. kurze Zeit später des Kreises Höxter. Mit der kommunalen Gebietsreform in den 70er Jahren des 20. Jahrhunderts wurde die Kernstadt – durchaus freiwillig – Teil des Kreises Lippe und zusammen mit acht weiter südlich gelegenen Gemeinden, die schon immer zu Lippe gehörten, zur Großgemeinde Lügde. Die heutigen Ortsteile der sogenannten Südstadt (vgl. Wanderung 10, Kloster Falkenhagen) blieben daher weitgehend evangelisch geprägt.

Für eine positive Veränderung des Stadtbildes und des Lebens in der Stadt sorgte der Bau des Emmerauentunnels, der 2014 eröffnet wurde und den Durchgangsverkehr um die Altstadt leitet. Teilweise über dem Tunnel entstand der Emmerauenpark, gelegen zwischen dem Fluss und der Stadtmauer.

Überregional bekannt ist Lügde für den alljährlich am Ostersonntag stattfindenden Osterräderlauf. Bei diesem einzigartigen Brauch rollen brennende Eichenräder vom Osterberg herab. Den Versuchen der Nationalsozialisten den Brauch für ihre Zwecke zu vereinnahmen widerstanden Lügder Bürger dadurch, dass sie 1935 auf dem Osterberg ein hohes Kreuz errichteten. Der hier verlaufende etwa 7,5 km lange Osterbergweg ist sehr zu empfehlen.

Heimatmuseum Lügde in der „Hinteren Straße"

Grasweg ins Dallensenbachtal mit der Abbauwand des ehemaligen Steinbruchs links

erstmals 1668 gesetzten Steine wurden 1844 durch neue aus Sandstein ersetzt. Auf der Lügder Seite der Grenzsteine erkennt man die Buchstaben KP (Königreich Preußen) und die Jahreszahl 1844. Auf der Waldecker Seite sieht man die Buchstaben FWP (Fürstentum Waldeck-Pyrmont) (vgl. hierzu auch www.owl-historische-grenzsteine.nrw.de).

Schlüsselblumen auf dem Kirchberg

Vom Weg blicken wir nach Südosten zum Köterberg und den Mittelgebirgen jenseits der Weser. Ins Auge fällt eine gewaltige, fast senkrecht aufragende graue Wand. Wir befinden uns inzwischen im Pyrmonter Bergland, geprägt von Muschelkalkstein. In diesem weithin sichtbaren *Steinbruch* (6) wurde bis etwa zur Jahrtausendwende Muschelkalk für den Straßen- und Wegebau abgebaut. Bei geeigneten Wetter mit günstiger Thermik sind hier häufig kreisende Rotmilane zu beobachten. Im Westen fällt der Winterberg bei Blomberg und unterhalb des Berges der Blomberger Ortsteil Eschenbruch ins Auge, im Nordwesten Teile von Lügde und Bad Pyrmont.

Historischer Stadtkern Lügde

Von unserem Startpunkt an der Kilianskirche ist es nur ein kurzer Weg zur Altstadt Lügde.

Auf der mittelalterlichen Wallanlage kann man fast die ganze Stadt umrunden und zwei noch erhaltene Wehrtürme bestaunen. Lügde wurde als „Festungskleinstadt" von den Grafen von Pyrmont planmäßig angelegt. Im Stadtinneren kann man das historische Dreistraßenschema mit zahlreichen, restaurierten Ackerbürgerhäusern bei einem Spaziergang erleben. Darunter befindet sich auch das sehenswerte Heimatmuseum in der Hinteren Straße 86, dessen Ausstellung einen Eindruck vom Leben der Lügder Bürger des ausgehenden 19. Jahrhunderts vermittelt.

Als „Stadt der Osterräder" findet am Abend des Ostersonntags alljährlich der Osterräderlauf statt. Bei einbrechender Dunkelheit rollen nacheinander sechs mit Stroh gestopfte, brennende Osterräder aus Eichenholz vom Osterberg ins Tal der Emmer hinunter. Dieser Brauch ist als Immaterielles Kulturerbe in das Verzeichnis der UNESCO eingetragen.

Auf den Berg mit dem weithin sichtbaren Osterkreuz blickt man auch vom Emmerauenpark. Der zwischen der Emmer und der Altstadt verlaufende Park ist eine vielfältige Freizeit-, Erholungs- und Veranstaltungsfläche.

Den alten Kirchweg verlassen wir nach rechts (Wegweiser) und biegen bergab auf einen asphaltierten Weg ab. Über Wiesen- und Waldwege erreichen wir einen oberhalb des Tals des Dallensenbaches verlaufenden Weg, dem wir in einer Spitzkehre nach rechts folgen. Gezeichnet ist er auch als lippischer Pilgerweg. Nach einigen Metern biegt der Weg nach links auf einen schönen naturbelassenen Waldpfad. Diesem folgen wir immer oberhalb des Tals bis zu den Kirchberghütten und schließlich dem alten Hohlweg hinab zu unserem Ausgangspunkt.

Im stillen lippischen Südosten: Elbrinxen – Sabbenhauser Egge – Kloster Falkenhagen

Matthias Füller, Johannes Kopel-Varchmin

Die 11,5 km lange Wanderung führt durch die bewaldeten Höhenzüge zwischen Elbrinxen und Falkenhagen in eine von Verkehrsstraßen kaum erschlossene stille Landschaft. Besonders beeindruckend sind die Aussichten von der Hochfläche oberhalb von Henkenbrink und das Kloster Falkenhagen. Ein Abstecher in den Ortsteil Elbrinxen vor oder nach der Wanderung bietet einiges Sehenswertes: den Generationenwald, die 1000-jährige Linde mit Kirche, die Storchenstation, die historische Mühle und ein Schweinerennendenkmal.
Wer die Wanderung verlängern möchte, dem kann besonders die Variante über den Klosterweg (siehe Karte) empfohlen werden.

Start: Parkplatz Freibad Elbrinxen, Obere Dorfstraße, 32676 Lügde
Start-/Zielkoordinaten:
- DG: 51.898416; 9.259503
- UTM: 32U 517855.304; 5749771.668
- w3w: ///jemals.unterlegen.handschuhe

Länge: 11,5 km
Höchster Punkt: 330 m üNN
Niedrigster Punkt: 180 m üNN
Gesamtaufstieg: 230 m
Wegbeschaffenheit:
- Naturnahe Wege: 4,3 km (38 %)
- Befestigte Wege: 5,9 km (51 %)
- Asphalt/Pflaster: 1,3 km (11 %)

Markierung: Der Weg ist mit unterschiedlichen Wegezeichen gezeichnet: A 3, Lipperlandweg, Lippischer Pilgerweg, Klosterweg.
Parken: Parkplatz Freibad Elbrinxen, Obere Dorfstraße, 32676 Lügde
ÖPNV: Anruf-Linien-Fahrt LIMO, ab Bhf. Schieder oder Bhf. Lügde, Anmeldung mindestens 30 Minuten vor der Fahrt (05261/ 6 67 39 50)
Einkehrmöglichkeiten:
- Klostertenne Falkenhagen, Kloster Falkenhagen 8a, 32676 Lügde (0151/ 43 34 98 38), Öffnungszeiten nur an Wochenenden (Fr. und Sa. 18-22 Uhr, So ab 15 Uhr, oder nach tel. Absprache)

Blick von der Sabbenhausener Egge auf die Ottensteiner Hochfläche

1. Etappe Freibad Elbrinxen – Kloster Falkenhagen (5,4 km)

Vom Parkplatz am Freibad (157 m üNN) führt unser Weg (Lippischer Pilgerweg, A 3) über den Ilsenbach hinweg nach rechts und auf einer Terrassenkante am Fuß des Elbrinxer Isenberges talaufwärts.

Pilgern in Lippe

Unterhalb des Weges liegt das Naturschutzgebiet Ilsenbach. Es umfasst Feuchtgrünlandreste und Erlen-Auwälder im Umfeld des naturnahen Baches. In seinem Verlauf wechselt das als Hammelbach östlich von Rischenau entspringende Gewässer mehrfach seinen Namen. Bis zum Freibad wurde es nach einer im Tal liegenden Hofstätte als Köllerbach oder alternativ nach dem westlich von Rischenau kommenden Niedernbach benannt, um dann als Ilsenbach oder Elbrinxe in das Dorf hineinzufließen. In den offiziellen Karten hat sich die Schreibweise Ilsenbach durchgesetzt. Kurz unterhalb des Dorfes kommt dann schon das Ende. Ab hier ist die von Osten her kommende Wörmke namensbestimmend.

Ein Fußpfad mit einer Brücke bietet Gelegenheit, den Bach und seine Uferwälder ein wenig näher zu betrachten. Im Frühling blühen hier Buschwindröschen, Milzkraut und Goldnessel, später dominiert die Brennnessel. Aber auch von unserem Weg oberhalb der Aue haben wir einen schönen Blick in die unzugänglichen, vernässten Waldbereiche, hören das Murmeln des Baches und mit etwas Glück die aufgeregten Rufe des Kleinspechtes.

Kleinere Verebnungsflächen am linksseitigen Berghang und der steigende Nadelholzanteil (Kiefern, Lärchen) zeigen den Übergang von weichen Mergeln des Unteren Gipskeupers

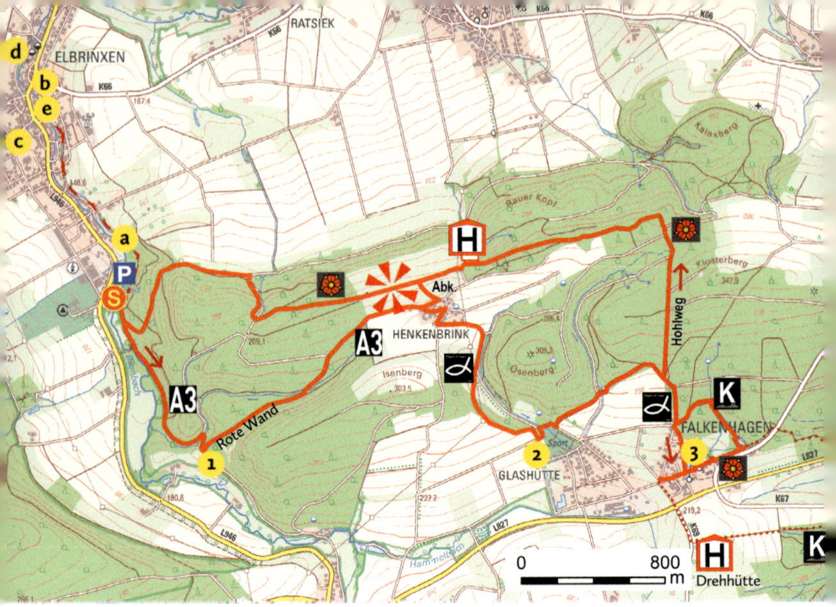

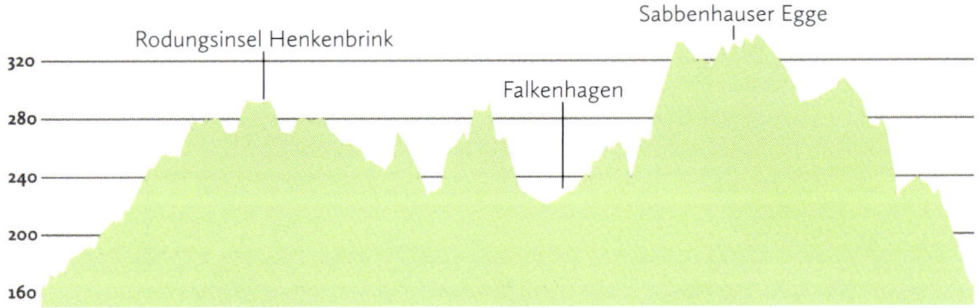

zu saureren Böden des Schilfsandsteines. S-förmig geschwungen umgeht unser Weg ein tief eingeschnittenes Kerbtal und führt auf der jenseitigen Talböschung wieder hinaus an die Waldkante. Unter uns liegt der Köllergrund, jenseits des Tales erhebt sich der Kortenberg als südöstlicher Ausläufer des Schwalenberger Waldes.

An dem Rastplatz mit dem *Naturbuch* (1) vorbei führt uns nun der Düvelsbadweg (Düvelspfad) in den Wald hinein. Bereits nach wenigen Schritten, hinter Lärchenstangenholz und Pioniergehölzen fast verborgen erhebt sich rechts eine imposante Steilwand, deren Ausmaße jedoch aus dem Tal besser zu sehen sind. Von 1950 bis 1970 wurden hier in Spitzenzeiten jährlich bis zu 20.000 Tonnen der rötlichen Mergel der Roten Wand abgebaut, für ein noch kräftigeres Rot mit Ziegelschutt versetzt, vermahlen und als Belag (Rotgrand) für Sportplätze genutzt. Mit der Verdrängung dieses Naturproduktes durch das kostengünstigere Kieselrot, einem Abfallprodukt der Kupfererzgewinnung, wurde die Nutzung dann unwirtschaftlich. Die Sanierung vieler Dioxin-verseuchter Sportascheplätze wäre nicht erforderlich gewesen, wenn man statt der belasteten Schlacken weiter die Mergel des Isenberges und anderer

Lagerstätten genutzt hätte. Gräuliche Mergel an den oberen Böschungen markieren den Übergang zur nächsten Keuperschicht, dem Steinmergelkeuper und die obere natürliche Grenze des Abbaubereiches. Hin und wieder nutzt ein vermutlich im Schwalenberger Wald brütender Uhu die Resonanzwirkung der Steilwand, um seinen Rufen den nötigen Nachdruck zu verleihen. Brutversuche haben hier aber bisher nicht stattgefunden.

Rotgrandgrube am Rischenauer Isenberg

In dem Taleinschnitt führt der Weg stetig bergan. Rechts wachsen auf dem steilen Nordhang des Rischenauer Isenberges artenreiche Waldmeister-Buchenwälder. Die gegenüberliegende Talseite liegt im bereits erwähnten Schilfsandstein und ist wesentlich flacher ausgebildet. Nach der Entnahme der geschädigten Fichten ergibt sich hier aktuell ein aufgelichtetes Waldbild. Die zunehmende Trockenheit und die Borkenkäferkalamität der letzten Jahre hat den hier seit 1710 belegten Fichtenanbau beendet.

Bald haben wir in 280 Metern Höhe den Waldrand erreicht und blicken auf die von Falkenhagener Mönchen um 1562 gegründete Rodungsinsel rund um Henkenbrink. Die abgeschiedene Lage ist bedingt durch die besondere geologische Situation. Stauchungsprozesse am Nordrand des Falkenhagener Liasgrabens haben in west-östlicher Richtung verlaufende, von harten Sandsteinen des Oberen Keupers gebildete Höhenzüge aufgefaltet. Links des Weges verläuft die Kammlinie der Sabbenhauser Egge, gegenüber auf der südlichen Talseite erheben sich die Kuppen von Isen- und Oesenberg. Nur die vor uns liegende nach Südwesten geneigte Mulde mit fruchtbaren Mergeln des Mittleren Keupers war für Ackerbau geeignet.

Bevor wir uns Henkenbrink nähern, sollten wir die mageren Grünlandböschungen links des Weges beachten. Hier wachsen artenreiche Magerrasen mit Hasenbrot (= Feld-Hainsimse), Spitzwegerich,

Der Beckerteich – ein von Mönchen angelegter Fischteich

Klosteranlage Falkenhagen mit den Türmchen der ev.-ref. Klosterkirche rechts und der kath. Kirche St. Michael links

Flockenblumen und Johanniskraut. Dann geht es hinab zur Henkenbrinker Straße, die in einem Bachtal in Richtung Falkenhagen führt. Nach einer Informationstafel zur Geschichte von Henkenbrink führt ein Feldweg an der südlichen Talseite durch einen kleinen Waldstreifen auf die auslaufende Kammlinie des Isenberges. Von hier aus haben wir einen freien Blick über die Aue des Hammelbaches zwischen Rischenau und Falkenhagen. Hinter dem vor uns liegenden Ortsteil Glashütte erhebt sich im Süden der Köterberg. Die Falkenhagener Glashütte wurde erst 1834 errichtet und war die letzte ihrer Art im Kreis Lippe. Mit dem hier hergestellten Glas wurden u. a. Mineralwasserbetriebe in den Bädern Pyrmont, Meinberg und Driburg beliefert.

Klosterweg Falkenhagen

Ein Feldgehölz mit einer *Wildbienen-Nistwand* (2) umgehend erreichen wir wieder die Henkenbrinker Straße, biegen aber bald auf den Klosterweg (K) ab, weiterhin auch gekennzeichnet als Lippischer Pilgerweg, der auf naturbelassenen Wegen am Waldrand entlang nach Falkenhagen führt. Zwischen mächtigen am Wegesrand stehenden Eichen hindurch sind die ersten Gebäude des ehemaligen **Klosters Falkenhagen** (3) sichtbar. Nach der Querung einer kleinen Forststraße geht es auf der „Hexentreppe" an einer hakennasigen Holzskulptur vorbei auf einem sandigen Pfad weiter. Neben dem Holzvorrat der Wälder waren diese Sandvorkommen Basis der Ansiedlung der Glashütte. Immer am Waldrand entlang erreichen wir am neuen Friedhof vorbei gehend schließlich die mittelalterliche Klosteranlage. Hier sollte man sich etwas Zeit nehmen und das beeindruckende Gebäude-

Wildbienen-Nistwand mit Ruhebank oberhalb von Falkenhagen

ensemble mit der heute evangelisch-reformierten Klosterkirche, der katholischen Kirche im ehemaligen Jesuitenkloster und dem Remter/Dormitorium (ältestes Fachwerkhaus in Lippe) näher besichtigen. Von Anfang April bis Ende Oktober ist die katholische Kirche von 9-18 Uhr geöffnet.

2. Etappe Kloster Falkenhagen – Ausssichtspunkt Henkenbrink (ca. 4,2 km)

Nördlich der Kirche führt ein Fußweg (als Lipperlandweg gekennzeichnet) mit Blick auf den Fachwerkbau des Dormitoriums von 1509 wieder in den Wald zum heute so genannten Beckerteich. Er gehört zu mehreren Stillgewässern, die die Falkenhagener Mönche u. a. zur Fischzucht angelegt haben, von denen heute aber lediglich noch zwei erhalten sind.

Lipperlandweg

Ein auf einer Böschung am Westufer verlaufender Fußpfad (Lipperlandweg) führt an einem Informationsschild zu den Teichanlagen des Klosters vorbei. Parallel zu einem Quellbach führt unser Pfad durch Buchen-Mischwälder zu einem Waldteich. Rechts im Wald liegt das von den Paterquellen gespeiste ehemalige Trinkwasserreservoir von Falkenhagen. Der 1909 gebaute Hochbehälter wurde wegen der unregelmäßigen Quellschüttung bereits 1936 wieder aufgegeben. Wir biegen nun links auf einen Forstweg ab und erreichen wieder den neuen Friedhof. Ca. 300 Meter gehen wir den bereits bekannten Weg zurück, bis uns ein Hinweisschild und die Zeichen des Lipperlandweges (dem wir jetzt bis zum Ziel folgen) auf den alten Sabbenhausener Kirchweg führen.

Der alleeartig von Altbuchen begleitete Pfad führt mit einer Steigung von bis zu 20 % senkrecht den Südhang des Klosterberges hinauf. Mit steigender Pulsfrequenz lohnt es

Hohlwege im Totengrund

einmal an die Sabbenhauser Kirchgänger zu denken, die bis 1926 über diesen Weg zu Fuß zur Kirche nach Falkenhagen gingen. Auf dem in 320 Metern Höhe beginnenden Bergplateau führt ein breit ausgebauter Forstweg weiter geradeaus. Dort, wo links ein Forstweg in einem Taleinschnitt herunterführt, verlief früher der Sabbenhausener Leichenweg durch den Totengrund. Das von uns erwanderte Wegstück war selbst für erfahrene Fuhrleute zu steil, so dass hier der topographisch leichtere Weg durch das Bachtal genutzt werden musste. Wir bleiben aber auf dem weiter geradeaus verlaufenden, sanft abfallenden Weg, der schließlich am Nordrand des Plateaus eine Linkskurve macht. Wer einen Eindruck erhalten möchte, wie beschwerlich Kirchgang und Beerdigungen in früheren Jahrhunderten gewesen sind, der sollte ein wenig weiter geradeaus in den Wald hinein gehen. Dort beginnen zwei parallel verlaufende, 4 Meter breite und bis zu 3 Meter tiefe Hohlwege. Bis zur Errichtung des evangelischen und des katholischen Friedhofs (1898 und 1899) mussten alle Toten von Sabbenhausen auf dem Klosterfriedhof in Falkenhagen beigesetzt werden. Die tief in die weichen Mergel eingeschnittenen Hohlwege verdeutlichen, wie schwierig der Transport den Steilhang hinauf gewesen sein muss.

Wir aber wandern nun entspannt auf der Kammlinie der Egge durch Buchenwald nach Westen. Bald sind links die ersten Äcker von Henkenbrink sichtbar. Der Weg verlagert sich nun an den steil abfallenden Nordrand der Sabbenhauser Egge, die vielleicht nicht ganz so imposant ist wie das Eggegebirge, aber ebenso eine nur schwer überwindbare Barriere in der Landschaft darstellt.

Unter einer summenden Hochspannungsleitung hindurch führt der Weg mit weiter Sicht über den hier beidseitig als Grünland genutzten Kamm. Im Norden erhebt sich hinter dem im Wörmketal liegenden Sabbenhausen das ausgedehnte Mosterholz und dahinter die Ottensteiner Hochfläche. Wenn der Wind nicht gerade zu heftig bläst, laden Holzliegen zu einer Rast ein. Der Kammlinie folgend steigen wir leicht noch einmal auf fast 300 Meter. Im Nordwesten sind

Kammweg auf der Sabbenhauser Egge

nun über Elbrinxen hinweg die Herlingsburg und der Winterberg zu sehen. Links davon sind die Ausläufer des Schwalenberger Waldes mit der ehemaligen Elbrinxer Glashütte und weit dahinter der Harzberg sichtbar. Ganz im Norden liegt hinter den Ackerflächen von Dörenberg und Lüdenberg die Hochfläche bei Graben/ Pyrmont.

Drehhütte am Klosterweg

3. Etappe: Aussichtspunkt Henkenbrink – Freibad Elbrinxen (ca. 1,9 km)

Bei der Hütte am Waldrand führt ein laubbedeckter Weg (Lipperlandweg) geradeaus zu einem, z. T. vernässten Forstweg, den wir kurz darauf in einer Spitzkehre bereits wieder verlassen. In einem Bachtal wandern wir über einen steinigen, im Unterhang durch Sickerwasser vernässten, rutschigen Weg hinab zum Waldrand am Fuß der Egge. Vor uns liegt am Rand des Wörmketales das Vennerbruch. Hier gab es im 16. Jahrhundert eine Eisenhütte, in der das eisenhaltige Gestein verarbeitet wurde, von dem der Isenberg seinen Namen hat. Das zugehörige Bergwerk lag oberhalb der Hütte, also vermutlich am Nordrand der Egge. Ob hier Raseneisenerz oberirdisch abgebaut wurde, ist nicht bekannt. Am Nordrand der Egge entlang führt unser Weg nun bald wieder in den Wald, an einer alten Mergelkuhle vorbei und dann in einem Bogen stetig bergab hinunter zu unserem Ausgangspunkt am Freibad.

Alteichen am Klosterberg

Sehenswertes bei einem Abstecher nach Elbrinxen

a. Märchenhafter Generationenwald

Angrenzend an das Elbrinxer Freibad finden Sie den Märchenhaften Generationenwald. Auf einer ca. 5.000 qm großen Brachfläche wurden von der Dorfgemeinschaft 500 Stieleichen gepflanzt und darin Pfade mit Ruhebänken angelegt. Jede Bank erzählt ein Märchen. Darüber hinaus gibt es auf Infotafeln Wissenswertes zur Aufgabe des Waldes für Mensch und Natur zu erfahren und warum der Wald als Lebensraum unbedingt schützenswert ist.

b. Historische Mühle

Die ersten Siedler ließen sich hier im 9. Jh. nieder. Für das Dorf, dessen Lebensgrundlage die Landwirtschaft bildete, war die Mühle unverzichtbar. Über den Mühlgraben wurde die „Obere Mühle" ganzjährig mit Wasser versorgt. Erst 1970 stellte die Mühle ihre Arbeit ein. Der Nachbau eines Mühlrades zeugt von der vergangenen Zeit.

c. Linde und Kirche

Neben der denkmalgeschützten evangelischen Pfarrkirche aus dem 12. Jahrhundert steht die 1000-jährige Linde. Im „Guiness Lexikon der Superlative" wurde die Sommerlinde zu Deutschlands ältester Linde gekürt. Mit über 30 Meter Höhe und 12 Meter Stammumfang wächst sie immer noch. Stahlbänder halten die stattliche Krone mit einen Durchmesser von rund 25 Metern zusammen.

d. Storchenstation

Gehen Sie mit Meister Adebar auf Du und Du! Die Storchenstation kann ganzjährig besucht werden. 10 bis 12 Paare können aus nächster Nähe bei der Aufzucht ihrer Jungen beobachtet werden. Spannend wird es im Juli, wenn die Jungstörche ihre ersten Flugversuche unternehmen, um dann im August ihre Reise in den Süden anzutreten.

e. Schweinedenkmal

„Es muss mal was Besonderes in Elbrinxen passieren", dachte sich der damalige Ortsvorsteher Ewald Wrenger. So war das Elbrinxer Schweinerennen geboren! Das ganze Dorf packte 1980 mit an, um Rennstrecken, Tribünen und Programm drum herum zu gestalten. Der Erfolg war überwältigend. Zehntausende von Schaulustigen strömten zum Event und noch ein weiteres Mal 1982. Mit den Erlösen konnten viele Projekte im Dorf umgesetzt werden. Auch das dorfeigene Theatergebäude für die Elbrinxer Dorfbühne.

3. Kloster Falkenhagen

Das gleichnamige Dorf Falkenhagen gibt es erst seit 1920. „Falkenhagen" stand vorher für Kloster, Kirche, Domäne und Schule. Das 1247 gegründete Kloster existierte nur bis 1596.

Im Spätmittelalter war es ein Frauenkloster, das sich den Regeln der Zisterzienser verschrieben hatte. Im schrecklichen, krisengeschüttelten 14. Jahrhundert fielen alle Orte in der Nähe des Klosters wüst. In der Eversteinschen Fehde wurden die Gebäude zerstört.

Nachdem 1432 die verlassenen Gebäude dem Kreuzherrenorden übertragen wurden, entstanden Klostergebäude und Klosterkirche. Der Orden sorgte für einen wirtschaftlichen Aufschwung im lippischen Südosten: Wälder wurden gerodet, Getreide angebaut, Teiche angelegt und Mühlen betrieben, Ziegel gebrannt, wüst gefallene Dörfer wiederbesiedelt.

Nach der Reformation stritten das Fürstbistum Paderborn und die lippischen Grafen darüber, welcher Konfession die Untertanen angehören und wie Gebäude und Grundstücke aufgeteilt werden sollten.

Erst Ende des 16. Jahrhunderts vereinbarten die Landesherren eine Teilung des Klosters, die noch heute Folgen hat. Lippe erhielt die Kirche mit gut erhaltenen Glasmalereien von ca. 1500 und das eigentliche Kloster, Paderborn die südlich gelegenen Gebäude. Diese Gebäude wurden 1604 den Jesuiten übergeben. Gegen den Widerstand des lippischen Grafen und heimlich wurde zunächst eine Kapelle und dann ein Teil des Klosters 1695 zu einer katholischen Kirche umgebaut.

Die Jesuiten versuchten, den katholischen Einfluss auszubauen und Menschen zu rekatholisieren. Willy Gerking, der die Geschichte des lippischen Südostens intensiv erforscht hat (siehe Literatur) schreibt:

„Ergebnis dieser Entwicklung bis heute ist, dass die Einwohnerschaft in den zu Falkenhagen gehörenden acht Kirchdörfern (bis auf Rischenau) etwa zur Hälfte katholisch bzw. evangelisch-reformiert ist."

1629 und 1631 hat sich Friedrich Spee von Langenfeld längere Zeit in Falkenhagen aufgehalten. Er wandte sich in seiner *Cautio Criminalis* (dt.: „Rechtliche Bedenken") gegen Hexenwahn und Folter. An ihn erinnert ein Gedenkstein.

Grandiose Rundumsicht und beeindruckende Natur – der Köterberg

Matthias Füller, Johannes Kopel-Varchmin

Der 496 Meter hohe Köterberg bietet eine der schönsten Rundumsichten in Ostwestfalen-Lippe. Bei der 4 km langen Wanderung auf überwiegend naturbelassenen Wegen um das Gipfelplateau wird die Schönheit der ständig wechselnden Ausblicke besonders deutlich.

Start: Parkplatz auf dem Köterberg, Köterberg 17, 32676 Lügde
Start-/Zielkoordinaten:

- DG: 51.855339; 9.324402
- UTM: 32U 522342.060; 5744998.546
- w3w: ///dünner.gedreht.blätter

Länge: 4,0 km
Höchster Punkt: 490 m üNN
Niedrigster Punkt: 400 m üNN
Gesamtaufstieg: 90 m
Wegbeschaffenheit:

- Naturnahe Wege: 3,2 km (41 %)
- Befestigte Wege: 0,7 km (48 %)
- Asphalt/Pflaster: 0,1 km (11 %)

Markierung: Panoramatour (blau, Ziffer 2)
Parken: Kostenfrei auf dem Köterberg-Plateau
ÖPNV: Anruf-Linien-Fahrt LIMO, Anmeldung mindestens 30 Minuten vor der Fahrt (05261/ 6 67 39 50)
Einkehrmöglichkeiten:

- Restaurant & Café Köterberg, Köterberg 17, 32676 Lügde (05283/ 6 59)

Die Wanderung kann auch im Dorf Köterberg begonnen werden (Parkplatz mit Wandertafel). Über den Biesterfeldweg (◊ 6) gelangt man an der Mergelkuhle vorbei zum Panoramaweg bzw. auf den Gipfel.

Sehr reizvoll aber auch anstrengender ist eine Rundwanderung von Hummersen aus (siehe dazu die Ergänzungstour im Anschluss).

Der Köterberg wurde schon früh zu einem beliebten Ausflugsziel. Mit dem Ausbau der Asphaltstraße im Jahr 1952 waren Kuppe und Gasthaus für jedermann leicht erreichbar. In den 1990er Jahren entwickelte sich ein zunehmender Motorradtourismus, der zu Konflikten mit den Anwohnern entlang

der Zufahrtsstraßen führte. Auch heute noch herrscht an Wochenenden Trubel rund um den Parkplatz. Da sich die meisten Besucher jedoch nur im unmittelbaren Kuppenbereich aufhalten, ist der Köterberg abseits dieses Hotspots immer noch ein ruhiges Wandergebiet mit einer Vielzahl kombinierbarer Routen.

Panoramaweg um den Köterberg

1. Etappe Gipfel – Rote Wand (0,7 km)

Am Parkplatz auf dem Gipfel beginnend, umrunden wir zur ersten Orientierung zunächst das 1929 errichtete Köterberghaus. Seine achteckige, gedrungene Bauform wurde auch als Anpassung an die hohen Windgeschwindigkeiten auf dem Berg gewählt. Zuletzt wurden bei einem Sturm am 17.02.2022 etwa 80 % der Dacheindeckung weggerissen. Der Weg führt am Rand der von harten Sandsteinen gebildeten Schicht des Oberen Keupers entlang, die wie ein kleine Kappe den Gipfel vor weiterer Abtragung schützt. Rechts am Haus vorbei gehend schauen wir über den steil ab-

Köterberg – Grenzberg

Der Wortstamm „Küte“ bedeutet Grenze. Der 1560 urkundlich erwähnte „Kütersberg“ war also ein Grenzberg. Die 1532 zwischen den Klöstern Marienmünster und Falkenhagen festgehaltene Landverteilung bildete die Grundlage der späteren Zuordnung des nördlichen Köterberges zum Fürstentum Lippe (ehemals Falkenhagenscher Besitz), während der Süden zum Fürstbistum Corvey (später Königreich Preußen bzw. Nordrhein-Westfalen) gehörte. Nachdem ein 1587 vor dem Reichskammergericht geschlossener Vertrag dem Herzogtum Braunschweig-Lüneburg (später Teil des Königreiches Hannover bzw. des Landes Niedersachsen) einen schmalen Zugang zur Spitze des Berges zugebilligt hatte, stießen am Dreiländerstein bis 1947 drei Landesgrenzen (Lippe, Niedersachsen, Nordrhein-Westfalen) zusammen.

Panorama-Tour

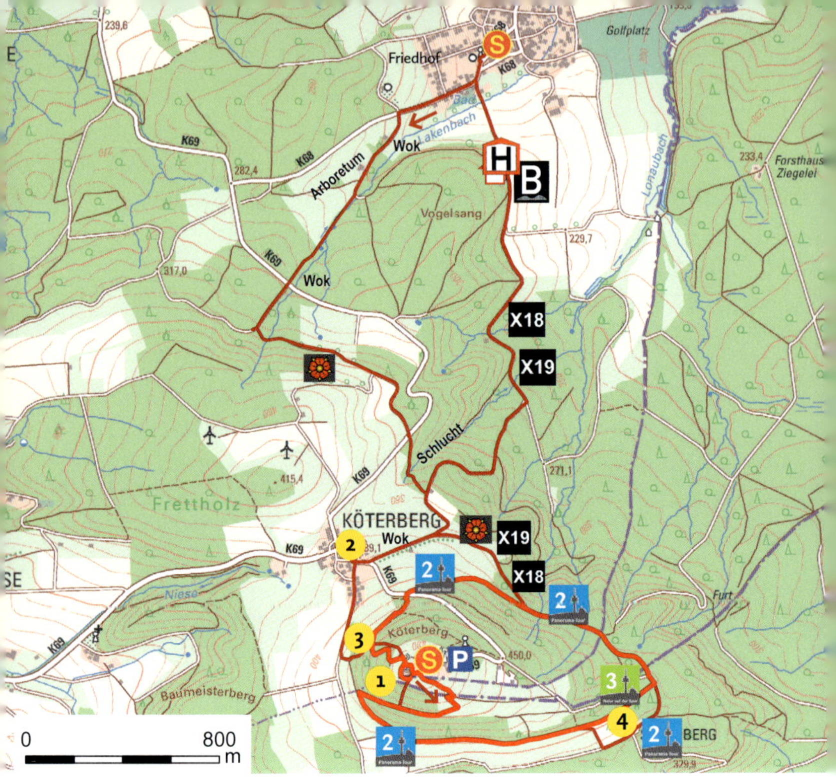

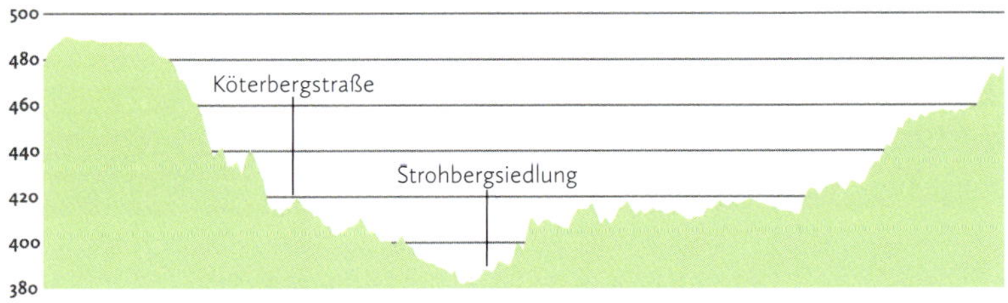

fallenden Hang hinweg auf den Schwalenberger Wald mit dem vorgelagerten Westerberg. Dahinter ist jenseits des Steinheimer Beckens die Kammlinie von Eggegebirge und Teutoburger Wald sichtbar. Auf der Südseite des Gebäudes hilft ein Aussichtspunkt mit einem Orientierungsstein bei der Zuordnung der Landschaftsaspekte. Der vor uns liegende grasbewachsene Hang gehört zu einer schmalen, niedersächsischen Landzunge, die hier spitz auf den im Gebüsch unterhalb der Kuppe liegenden *Dreiländerstein* (1) zuläuft. Mit dem Orientierungsstein Nord, vom dem wir über das Kloster Falkenhagen hinweg

Köterberghaus und Schutzhütte

Panoramaweg

auf die Ottensteiner Hochebene im Norden schauen, schließen wir den kleinen Rundgang ab.

Dann wählen wir den Fußpfad (mit dem Zeichen des Panoramawegs), der neben dem an eine Schulklasse erinnernden „Landschaftskino" den Hang hinunter führt, biegen sofort links ab und wandern hangparallel durch versaumendes, nicht mehr genutztes Grünland. Am Waldrand führte früher ein heute zugewachsener Weg nach links zum bereits erwähnten Dreiländerstein. Hier wird der Landschaftswandel auf dem Köterberggipfel besonders deutlich. Bis in die 1980er Jahre wurden die Steilhänge noch durch Rinder aus dem **Dorf Köterberg** (2) beweidet. Aufgrund des schwierigen Geländereliefs wurde die Nutzung jedoch aufgegeben. Zwischenzeitlich hat die Biologische Station mit ihrer Schaf- und Ziegenherde versucht das Gelände offen zu halten, musste diese Pflege aus Kapazitätsgründen im Jahr 2012 aber ebenfalls einstellen. Seitdem verbuscht vor allem der obere Westhang des Köterberges, so dass der offene Charakter des Gipfelplateaus allmählich verloren geht.

Nun geht es in S-förmigen Schlingen steil auf einem manchmal glitschigen Pfad durch Buchen-Mischwald hinunter. Kurz vor dem Waldrand folgen wir dem rechts abzweigenden Panoramaweg. Wer gut zu Fuß ist, sollte allerdings noch ein kleines Stück weiter gehen und die dem Wald vorgelagerte Grube mit den auffälligen, in der Hand zerbröckelnden Mergelplättchen der „*Roten Wand*" (3) besichtigen. Die hier abgebauten Mergel wurden zum Befestigen von Wegen genutzt.

Waldrandweg zur Köterbergsüdseite

2. Etappe Rote Wand – niedersächsisch-nordrhein-westfälische Grenze (1,1 km)

Der Panoramaweg führt an dem galerieartig über dem Dorf Köterberg verlaufenden Waldrand entlang und dann im Bogen zur Zufahrtsstraße auf den Köterberg hinab. In dem begleitenden artenreichen Waldmeisterbuchenwald wächst auch die Vielblütige Weißwurz. Ihre weiße, knotig verdickte Wurzel ist die Springwurzel, mit deren Hilfe der Sage nach die im **Köterberg** verborgenen Schätze gefunden werden können. Bevor Sie aber nun zu graben anfangen – nur ein Grünspecht kann die einzig wirksame Springwurzel unter ihren gleich aussehenden Verwandten herausfinden.

Wanderweg am Köterberg

Nach der Querung der Straße wandern wir im Bereich der 400 Meter Höhenlinie weiter am Waldrand entlang. Allmählich öffnet sich der Blick nach Nordosten auf den jenseits der Weser verlaufenden Mittelgebirgszug des Voglers mit dem Buntsandsteinbruch bei Stadtoldendorf. Etwas weiter links (nördlich) folgt die Kammlinie des Ith und dann fast im Dunst verschwimmend der Süntel. Ganz im Osten erhebt sich bei guter Sicht am Horizont der Nordharz.

Weiter geht es durch die ausgedehnten Buchenwälder auf dem Osthang des Koterberges. Wir queren zwei Quellbäche des Lonaubaches und erreichen wieder die Landesgrenze nach Niedersachsen. Parallel zur den alten Grenzsteinen führt ein im Gelände kaum sichtbarer Wanderweg (X 18/X 19) steil den Berghang

2. Dorf Köterberg

Die Geschichte des Dorfes Köterberg ist verbunden mit dem Kloster Falkenhagen. Gegen Ende des 14. Jahrhunderts war der lippische Südosten durch Pest und Kriegszüge weitgehend entvölkert. Nachdem der Kreuzherrenorden 1432 das verlassene Kloster übernommen hatte, warben die Klosterbrüder Siedler aus dem Ravensberger und Herforder Raum an, denen sie Klosterländereien als Erbpacht gegen jährliche Abgaben von Getreide und Vieh zur Verfügung stellten. Das abgeschiedene, wüst liegende Dorf Köterberg wurde allerdings erst erst 1531 neu besiedelt. Zwei aus dem 19. Jahrhundert stammende Wegekreuze an der Köterbergstraße und der Nieser Straße zeigen, dass die Dorfbewohner auch nach der Reformation und der Auflösung des Klosters die Zugehörigkeit zur katholischen Gemeinde bewahrt haben. Die abgeschiedene geographische Lage des Ortes war in früheren Zeiten eine Herausforderung, da die Schul- und Kirchwege nach Niese oder Falkenhagen lang und steil waren. Die Menschen lebten hier von der Land- und Forstwirtschaft oder vom Handwerk.

Morgenstimmung beim Sonnenaufgang auf dem Köterberg

hinauf. Wir bleiben aber auf dem Panoramaweg, betreten Niedersachsen und haben nach etwa 200 Metern bereits wieder nordrhein-westfälisches Gebiet, in diesem Fall den Kreis Höxter, erreicht.

X18

X19

3. Etappe Grenze Niedersachsen – Nordrhein-Westfalen – Gipfel (2,2 km)

Der Panoramaweg biegt nach rechts ab und führt durch ehemals mit Fichten bestandene Aufforstungsflächen. Wer möchte, kann hier geradeaus gehen und erreicht die **Strohberg-Siedlung** (4). Bald erreichen wir eine landwirtschaftlich genutzte Verebnungsfläche, die sich halbmondartig um den Südhang des Köterberges herum zieht. Wie unser Weg auch, wird sie von den bereits bekannten fruchtbaren Mergeln der Roten Wand gebildet. Der am Unterhang angrenzende Wald markiert eine von Schilfsandstein gebildete Geländekante. Über die dahinter beginnenden Steilhänge hinweg schauen wir auf die reich gegliederte Kulturlandschaft um die Ortslagen Bödexen und Fürstenau. Entlang der Wegböschungen entwickelt sich im Sommer ein schöner Blühaspekt mit Moschusmalve, Flockenblume, Margeriten und Taubenkropf. Wenn nicht gerade heftige Westwinde heran wehen, können hier Schachbrettfalter, Bläulinge und viele andere Schmetterlinge bei der Nektarsuche beobachtet werden.

Leicht ansteigend führt unser Weg

4. Strohberg-Siedlung

Bevor 1967 die letzten Bewohner nach Bödexen im Kreis Höxter zogen, gab es hier eine landwirtschaftliche Ansiedlung.

Bereits ab 1920 richtete der Besitzer Josef von Heesen für einige Jahre in seinem Hof eine Sonntagswirtschaft ein, treffend bezeichnet als „Gasthof zur Sonne". Es spielte eine Musikkapelle aus Bödexen auf und der clevere „Gastronom" versorgte die Gäste mit Speis und Trank.

Heute existiert an diesem besonders ruhigen Ort nebst einer Weihnachtsbaumschonung ein Rastplatz, den auch Wanderer nutzen können.

durch einen Eichen-Laubwaldstreifen und dann weiter am Waldrand entlang. Eine Liege mit weit nach Westen reichendem Blick lädt, vor dem nun folgenden Aufstieg zum Gipfel, zu einer Rast ein. Unsere Route biegt nach rechts ab. Stetig ansteigend geht es nun durch junge Waldstadien. Links oberhalb des Weges ist im Bestand auffälliger Blockschutt sichtbar. Es handelt sich um Sandsteine des Oberen Keupers, die durch Frostsprengung während der Eiszeiten von der Sandsteinkuppe gelöst und hangabwärts verlagert wurden. Bald erreichen wir eine durch den vorgelagerten Wald vor den beständigen Westwinden geschützte Wiese. Da auch hier die ehemalige Nutzung eingestellt ist, dringen Gebüsche immer weiter in die von hohen Gräsern dominierte Fläche vor. Noch ist dieser wärmebegünstigte Raum ein Eldorado für zahlreiche Insekten.

Sendemast auf dem Köterberg

Mit Blick auf den Fernsehturm führt ein Fußpfad S-förmig den Steilhang hinauf zu einer Bank. Von hier, immerhin mittlerweile wieder 50 Meter höher, wird der Blick nach Süden immer weiter. Hinter dem Oberwälder Land mit der Bosseborner Hochfläche erheben sich die Basaltkuppen der Kasseler Berge. Über die Wiesenflächen am Südosthang schauen wir hinab auf das in der Weseraue liegende Holzminden und die Abgrabungsgewässer bei Godelheim. Die jenseits der Weser ansteigenden Höhen des Sollings und der südlich anschließende Reinhardswald vermitteln den Eindruck einer fast vollständig bewaldeten Landschaft. Links davon ist ganz im Osten wieder der Harz, bei guter Sicht sogar der Brocken mit dem Gebäudekomplex rund um den Fernmeldeturm sichtbar. Auf den Hangwiesen wachsen vereinzelte Acker-Glockenblumen und hin und wieder auch das Orientalische Zackenschötchen. Diese Mitte des 20. Jahrhunderts in Mitteleuropa eingeschleppte Art bereitet sich aktuell in wärmegetönten Gebieten aus und hat ein enormes Verdrängungspotential.

Über eine deutliche Geländeböschung oberhalb des ehemaligen Skihanges wandern wir nun zum Gipfel hinauf. Auf den mageren Böden dominiert im Sommer das Blau der Rundblättrigen Glockenblume und das Gelb von Färberginster und Echtem Labkraut. Dazwischen wachsen niedrige Polster mit dem weiß blühenden Harzer Labkraut und dem unscheinbaren Kleinen Sauerampfer. Die letztgenannte Art gehört zu den Fraßpflanzen der Raupen des Grün-Widderchens. Die erwachsenen Falter versammeln sich im Juni an hochgewachsenen Blütenpfanzen (z. B. Jakobsgreiskraut) zu auffälligen Gemeinschaften. Eine andere Form der Geschlechterfindung wählt der Schwalbenschwanz. Die erwachsenen Falter streifen weit umher und nutzen exponierte Bergkuppen, eben auch den Köterberg, als Treffpunkte. Mit der Zunahme des Schwalbenschwanzes bei uns, nimmt die Effektivität des „Hilltoppings“ aber ab, da sich weite Wege nur lohnen, wenn nicht schon unterwegs überall Artgenossen angetroffen werden.

Rendezvous-Gruppe von Grünwidderchen auf Ackerwitwenblume

Blick nach Süden auf Fürstenau und Bödexen

Ergänzungstour

Route Hummersen – Köterberg und zurück (6,8 km)

Startpunkt der Ergänzungstour ist der Parkplatz am neu gestalteten Dorfplatz in Hummersen. Von dort gehen wir entlang der K 68/Weserberglandstraße am Freibad vorbei zum außerhalb des Ortes liegenden Friedhof.

Gegenüber dem Friedhofsparkplatz führt ein Weg in südlichwestlicher Richtung zum Lakenbach. Diesem Weg folgen wir ca. 400 Meter. Am Abzweig weist eine Inschrift auf einem Findling auf das von der Familie Mühlenhof aus Rischenau angelegte Arboretum hin. Auf 70.000 qm wurden hier im Jahr 2009 75 Baumarten angepflanzt.

Wir folgen nicht dem Weg nach Rischenau, sondern in einer Kurve einem Grasweg (Ruhebank!) nach rechts. Der Weg führt linkerhand des Lakenbachs, zu Anfang mit Blicken auf das Arboretum, zur Köterbergstraße. Wir überqueren hier die Straße und folgen dem geschotterten Weg, bis wir nach etwa 250 Metern links auf den Lipperlandweg Richtung Köterberg abzweigen. Bald verlassen wir den Wald und blicken nach Osten auf die Mittelgebirge jenseits der Weser. Nach einer weiteren Überquerung der Köterbergstraße führt uns ein schmaler, nicht einfach erkennbarer Pfad in den Wald. Uns erwartet eine Schlucht mit einer beeindruckenden Felswand aus Sandsteinen des Unteren Keupers. Ein wenig Trittsicherheit ist erforderlich! Der Pfad führt uns auf den Wanderweg X 18/X 19, dem wir jetzt bis zum Panoramaweg folgen. Rechts geht der Blick zum Dorf Köterberg. Nach ca. 800 Metern durch überwiegend offenes Gelände erreichen wir den Panoramaweg um den Köterberg.

Dorfplatz in Hummersen

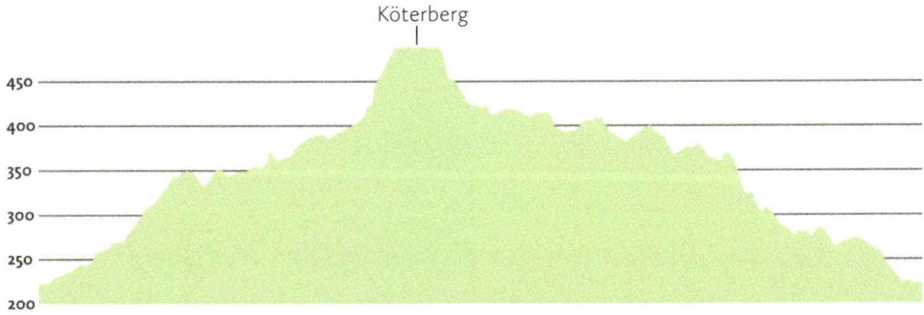

Weggabel am Arboretum Hummersen

Für den Rückweg nach Hummersen bietet sich der Abstieg über die Rote Wand zum Dorf Köterberg an. Über einen nicht gekennzeichneten Weg (siehe Karte) erreichen wir die Fernwege X 18/X 19. Auf befestigten, teils asphaltierten Wegen geht es entspannt bergab. Wir treffen hier auch auf den Rundweg um Hummersen (mit B gekennzeichnet). Das B steht für rustikale, sehr besondere Bänke. Eine dieser Bänke (siehe Foto) befindet sich auf unserer Route. Der Hummerser Rundweg zeichnet sich neben den originellen Sitzgelegenheiten durch sehr viel Abwechslung und sonst kaum zu findenden Ruhe aus.

Unser Weg passiert das von einem Verein betriebene Freibad in Hummersen – schon etwas Besonderes in einem Ort mit etwa 400 Einwohnern!

Über die Weserberglandstraße erreichen wir unseren Ausgangspunkt.

Ruhebank mit Dach bei Hummersen

Der Lakenbach nahe des Arboretums

Schwalenberg – Landschaftsgeschichte und mittelalterliches Flair

Matthias Füller, Joachim Kleinmanns, Johannes Kopel-Varchmin

Die Wanderung verbindet den Reiz des mittelalterlichen Stadtkerns von Schwalenberg mit seinen Fachwerkhäusern und kopfsteingepflasterten, verwinkelten Gassen mit dem Wandererlebnis durch eine abwechslungsreiche Kulturlandschaft. Von den Randhöhen des Schwalenberger Waldes ergeben sich phantastische Aussichten in das Umland, die erahnen lassen, warum Schwalenberg gegen Ende des 19. Jahrhunderts zu einem Anziehungspunkt für Maler wurde. Zahlreiche Einkehrmöglichkeiten und eine Vielzahl zu entdeckender Wege und Winkel machen Schwalenberg zu einem Ausflugsziel, das man immer wieder, vor allem auch zu unterschiedlichen Jahreszeiten besuchen kann.

Start: Schwalenberg, Altstadtparkplatz Mengersenstraße / Brinkfeldweg
Start-/Zielkoordinaten:

- DG: 51.875971; 9.197684
- UTM: 32U 513608.582; 5747261.969
- w3w: ///adler.felsige.nachdenken

Länge: 8,1 km
Höchster Punkt: 313 m üNN
Niedrigster Punkt: 210 m üNN
Gesamtaufstieg: 180 m
Wegbeschaffenheit:

- Naturnahe Wege: 4,5 km (56 %)
- Befestigte Wege: 3,1 km (38 %)
- Asphalt/Pflaster: 0,5 km (6 %)

Markierung: Der Weg ist mit unterschiedlichen Wegezeichen gezeichnet. Aufgrund der vielen Zielwegweiser fällt die die Orientierung dennoch leicht. An einem Punkt am Burgberg (Etappe 2) muss man aufpassen, wenn man nicht eine besonders interessante Passage verpassen will.
Parken: Altstadtparkplatz Mengersenstraße / Brinkfeldweg
ÖPNV: Bus Linie 760, 770, Haltestelle S-Sw Schwalenberg, Am Oekerberg; Anruflinienfahrt LIMO von Bhf. Schieder, Anmeldung mindestens 30 Minuten vor der Fahrt (05261/ 6 67 39 50)
Einkehrmöglichkeiten:

- Burg Schwalenberg, Burg 2, 32816 Schieder-Schwalenberg (05284/ 9 43 95 43)
- Restaurants in der Altstadt

Die Burg Schwalenberg vor dem Mörth

1. Etappe: Altstadtparkplatz – Aussichtspunkt Dohlenberg (1,3 km)

Ausgangspunkt der Wanderung ist der Altstadtparkplatz an der Mengersenstraße. An einer Fußgängerampel die Hauptstraße querend erreichen wir schon nach wenigen Schritten über die „Alte Torstraße" die **Altstadt** von Schwalenberg. Vor uns erhebt sich der steile Burgberg, links führt die Torstraße weiter in die Kernstadt hinein. Wir wenden uns aber nach rechts (Straße „In der Tränke") und folgen den Zeichen des Niesetalwegs, die uns vorbei am Friedhof und dem Gebäude der Schwalenberger Brauzunft, einer von einem Verein betriebenen kleinen Brauerei, führen. Rechts abbiegend geht es dann über das Gelände des Schützenvereins mit Ehrenmal, Schützenhalle und Festplatz hinauf auf den Dohlenberg. Am Zielwegweiser mit der Standortplakette Dohlenberg teilt sich der Niesetalweg. Wir gehen geradeaus und folgen dem auf halber Höhe am Westhang entlangführenden Weg. Nach der vollständigen Entnahme der vom Borkenkäfer geschädigten Fichten ergeben

Altstadt

1231 wird Schwalenberg erstmals als *Oppidum*, ein Flecken mit Markt, aber ohne Stadtrecht, erwähnt. Die Siedlung liegt auf dreieckigem Grundriss auf einer Terrasse unterhalb der Burg. Der Ort als Ganzes ist sehenswert. Gleich eingangs die *Künstlerklause*, bald dahinter das Rathaus von 1579. Wie die Häuser Brauergildestraße 4 (1601) und 5 (1611), Papenwinkel 2 (1592) und Klingenberg 7 (1604) hat es die großen Stadtbrände überstanden. Mit weiteren Fachwerkhäusern des 17.–19. Jh. bilden sie ein reizvolles und denkmalgeschütztes Ensemble. An der Westseite des Marktplatzes fällt eine Baulücke mit benachbarten Neubauten auf, die Folge eines Artillerietreffers kurz vor Kriegsende 1945. Am nordwestlichen Ortsrand steht die sehenswerte, nach einem Brand 1307 wiederaufgebaute evangelische Kirche.

Historisches Rathaus Schwalenberg

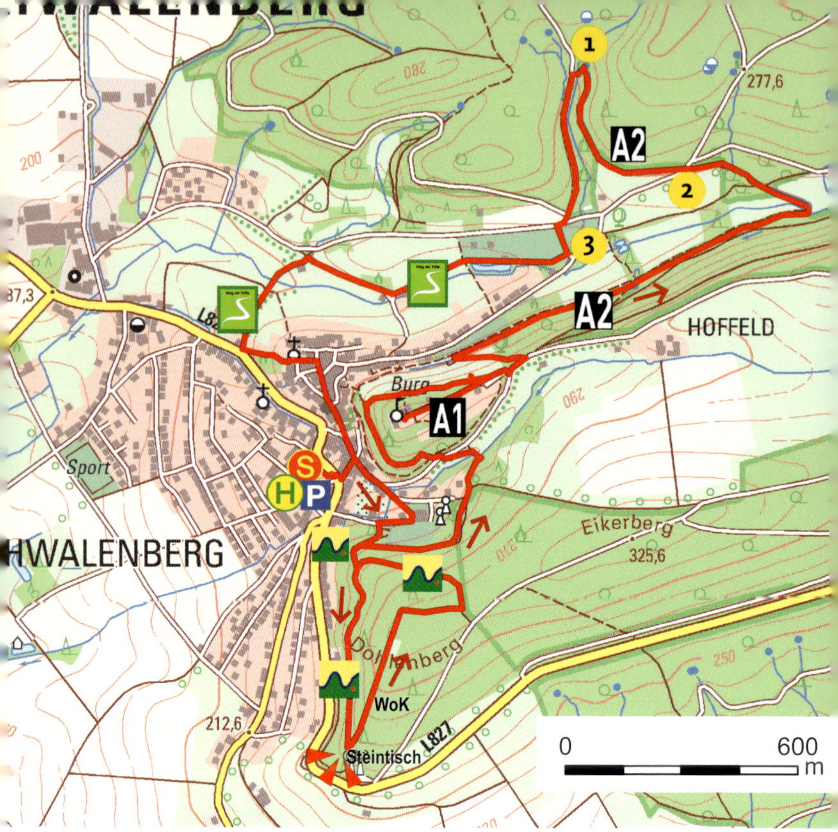

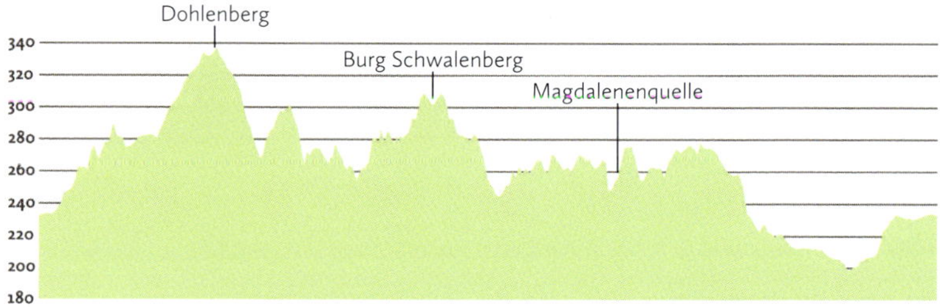

sich hier aktuell ungehinderte Blickbeziehungen über das flache Steinheimer Becken mit dem auffälligen Buckel des Stoppelberges bis hin zur Kammlinie des Eggegebirges. Bei guter Sicht sind der Turm der Preußischen Velmerstot, aber auch Bielsteinsender und Hermannsdenkmal sichtbar. Zurückschauend reicht der Blick am Westrand des Schwalenberger Waldes entlang über Brakelsiek bis Blomberg. An dem Hinweisschild „Zum Steintisch" verlassen wir den gekennzeichneten Wanderweg und wechseln auf den Grasweg zu einem alten Rastplatz auf der Kuppe des Dohlenberges (313 m üNN) mit einer fast vollständigen Rundumsicht. Im Osten grüßt der Köterberg mit dem markanten Fernsehturm. Im Süden schauen wir über eine wellige Landschaft mit von Tälern durchzogenen, bewaldeten Bergrücken. Es handelt sich um das Bruchliniensystem des „Falkenhagener Liasgrabens".

Der Steintisch auf dem Dohlenberg

Im Vergleich zum hohen Mörth auf dem Schwalenberger Wald ist hier die Landschaft im Zuge geologischer Störungsprozesse um fast 200 Meter abgesunken und ermöglicht so diesen phantastischen Ausblick. In der Nähe des Aussichtsturmes im Süden liegt die von hier aus nicht sichtbare Oldenburg, der Stammsitz der Schwalenberger Grafen. 1227 siedelte Graf Volkwin III. von dort auf seine neu erbaute **Burg** bei Schwalenberg um.

Noch vor 150 Jahren war der Dohlenberg überwiegend waldfrei und gehörte zu den bevorzugten Ausflugszielen der Schwalenberger. Die auf den kürzlich freigestellten Flächen wieder wachsenden Brombeeren und Birken, vereinzelte junge Fichten und erste Anpflanzungen leiten aber bereits den Wiederbewaldungsprozess ein. Ein Grund mehr diese bald wieder verschwindenden Aussichtspunkte aufzusuchen!

Niesetal-weg

2. Etappe: Dohlenberg – Burg Schwalenberg (2,4 km)

Weg der Stille

Auf dem weiterführenden Grasweg erreichen wir nach etwa 200 Metern wieder den gekennzeichneten Wanderweg (u. a. Niesetalweg, Weg der Stille), der uns nach links zurück zum Zielwegweiser Dohlenberg führt. Dort folgen wir rechts dem Hinweis Richtung Altstadt. Oberhalb des Schützen-

Wanderweg am Dohlenberg

Naturdenkmal Eichenallee am Eikerberg

geländes führt der Weg am Rand eines Buchenwaldes entlang. Rechts im Wald sind von Laub zum Teil verdeckte alte Hohlwegreste zu sehen. Nur ein wenig weiter weist ein Naturdenkmalschild mit Hinweisen auf die besondere Gefahr abfallender Totholzäste auf eine rechts am Waldrand verlaufende alte Eichenallee hin. Sie markiert die historische Wegverbindung zwischen Burg und Amtssitz Schwalenberg und der 1624 errichteten Meierei Biesterfeld bei Rischenau, die ab 1655 Sitz des Hauses Lippe-Biesterfeld wurde. Dieser Verbindungsweg in den lippischen Südosten führte über den Höhenrücken und umging so weitgehend die unwegsamen Täler des Salkenbruches. Die heutige, in einem Bogen den Dohlenberg umgehende Landstraße zwischen Schwalenberg und Rischenau wurde erst 1836 angelegt.

Wir gehen aber weiter geradeaus und steigen in das Kerbtal des Köterbaches hinab. Eine Brücke führt über den heute fast ganzjährig trockenen Bach. Ein Grasweg (weiter-

Burg Schwalenberg

Die Burg ließ Graf Volkwin IV. um 1230 erbauen. 1322 erwarb Graf Simon I. zur Lippe eine Hälfte der Grafschaft Schwalenberg, 1350 der Paderborner Bischof Balduin die andere Hälfte. Graf Hermann zur Lippe brach 1618 den Bergfried und den Paderborner Südflügel ab. 1627–32 wurde die Burg für die Witwe seines Nachfolgers, Simon VII., zum Witwensitz ausgebaut. Ein Kupferstich von 1663 zeigt eine hohe Ringmauer mit mehreren Bauten, die größtenteils verfielen. 1911–13 wurde der Hauptbau nach Osten erweitert und der Treppenturm wiederaufgebaut. 1938–44 diente die Burg als NS-Müttergenesungsheim, nach dem Krieg als Kindererholungsheim der Lippischen Landeskirche, bevor sie ab 1963 zu einem Hotel umgebaut wurde.

Blick auf Schwalenberg über den Nordhang

A1

hin Niesetalweg) führt vor einer Treppe nach links. Nach Überquerung der Fahrstraße zur Burg erreichen wir den Jüdischen Friedhof, folgen ab hier dem A 1 (Burgweg) nach links. Wir nutzen hierzu die Treppe links vom Friedhof.

Von dem am Südwesthang des Burgberges verlaufenden schmalem Fußpfad öffnet sich der Blick über den vor 20 Jahren wieder freigestellten Hang hinab auf die Altstadt von Schwalenberg. Die Gehölzsukzession auf der von Ziegen der Biologischen Station beweideten Fläche weist daraufhin, wie mühsam die Umwandlung von Wald in Weideland ist. Postkartenbilder von 1910 zeigen, dass der Burgberg durch Beweidung völlig waldfrei war. Damals wie heute führt der Tritt der Weidetiere in den weichen Mergeln des Steilhanges zu Erosionsschäden, die auch im Randbereich des Wanderweges deutlich sichtbar sind. Gleichzeitig sind diese freigelegten Rohbodenstellen wichtige Lebensräume, die in unserer zunehmend einförmig genutzten Landschaft immer seltener werden.

Dort, wo der A 1 nach rechts um den Bergsporn herum führt, kann man einen Abstecher zum ausgeschilderten „Grafenblick“ machen. Wir bewegen uns hier auf dem interaktiven Erlebnispfad Burgberg. Der A 1 führt weiter oberhalb des beweideten steilen Nordhanges des Burgberges entlang. Unterhalb der Weidefläche verläuft das **Stadtwasser**, gegenüber auf der anderen

Magdalenenquelle

Volkwinbrunnen

Talseite erhebt sich die von Laubwäldern bedeckte „Schwalenberger Wand“ mit dem oberhalb liegenden Plateau des Mörths. Unser Zwischenziel Burgberg erreichen wir auf der eingezeichneten Route über den Parkplatz am Schloss oder auf einem etwas steilerem Weg (siehe Zielwegweiser).

3. Etappe: Burg – Magdalenenquelle (2,3 km)

Die Wanderroute folgt nun den Hinweisen zur *Magdalenenquelle* (1). Bevor der Abstieg im Wald beginnt, lohnt sich auch hier ein kurzer Abstecher zum ausgeschilderten Standort der ehemaligen „Malereiche“. Von hier aus kann man die Landschaftseindrücke und Lichtverhältnisse nachvollziehen, die die Künstler einst so beeindruckt haben.

Wieder zurück wandern wir auf gut ausgeschilderten Wanderwegen hinab zum Stadtwasser und folgen dem begleitenden Weg in Richtung Magdalenenquelle. Das Stadtwasser quert das Tal des Lippebaches und führt am *ehemaligen Forsthaus* (2) vorbei zu der in einem bewaldeten Kerbtal gelegenen, gefassten Quelle.

Stadtwasser

Etwa 900 Meter von der Ortsmitte entfernt liegt die Magdalenenquelle am Südhang des Mörths. Ihr Wasser wurde früher in die Schwalenberger Altstadt geleitet und stellte bis zum Bau einer Rohrleitung im Jahr 1896 die Wasserversorgung der Schwalenberger Bevölkerung sicher. Die heute an der Quelle austretende Wassermenge stellt nur einen Bruchteil der eigentlichen Quellschüttung dar. Ein Großteil wird einer oberhalb der Quelle liegenden Brunnengalerie aufgefangen und nach wie vor zur Trinkwasserversorgung genutzt. Vermutlich haben Zisterziensermönche, die Meister des Wasserbaus, den Kanal im 13. Jh. angelegt. In einem offenen Kanal (ca. 2,2 km) wird das Wasser entlang der Höhenlinien mit nur 10 Metern Gefälle bis in den Ort geführt. Von der Straße Klingenberg zum Marktplatz hat er, teilweise verrohrt, weitere 10 Meter Gefälle. Er endet in dem 1952 von Friedrich Eicke gestalteten Volkwinbrunnen. Laut Inschrift auf dem Brunnen sollen zwei Gefangene, die den Kanal gegraben haben, frei gelassen worden sein.

Burgberg mit Burg um ca. 1930

4. Etappe: Magdalenquelle – Altstadt Parkplatz Mengersenstraße (2,1 km)

Von der Magdalenenquelle folgen wir bis zum Ziel dem „Weg der Stille“ wieder in das Tal des Lippebaches zur *Rastanlage am Eselskamp* (3) mit Wassertretbecken, Spielplatz sowie Bänken und wandern von hier über den Weg „Am Bleichberg“ durch Grünland und Gärten zurück. Kurz bevor ein geschotterter Feldweg links zurück zum Fuß der Altstadt führt, liegt – leicht zu übersehen – auf der südexponierten Talböschung rechts vom Weg der neu angelegte Weinberg der Schwalenberger Bürger.

Dass der Standort klimatisch gesehen gut gewählt ist, verdeutlicht ein Vorkommen der Zauneidechse, die hier mit ein wenig Glück in den Säumen und Brombeerbüschen am Wegesrand beim Sonnenbad angetroffen werden kann. Auch die Sichelschrecke, eine sich im Zuge des Klimawandels bei uns ausbreitende Heuschreckenart ist hier bereits beobachtet worden.

Schattiger Wanderweg

Gasse in der Schwalenberger Altstadt

Der Blick hinauf auf den Burgberg zeigt anschaulich den geologischen Aufbau unseres Wandergebietes. Das Plateau des Burgberges mit der Burg wird von einer schützenden Kappe harter Sandsteinsteine des Oberen Keupers gebildet. Dort wo diese harten Gesteinsschichten ausstreichen, schließen in den darunter liegenden weichen Keupermergeln die auffälligen Steilhänge an. Unterhalb liegt auf einer harten, relativ schmalen Schilfsandsteinstufe, wie ein an den Berg geklebtes Schwalbennest, die Altstadt von Schwalenberg mit der die Ansicht dominierenden Kirche. Da Schwalenberg keine Stadtmauern besaß und nur durch dichte Hecken geschützt war, boten die unterhalb der Stadt wiederum in weichen Keupermergeln liegenden Steilhänge der Stadt einen gewissen Schutz. Die hier seinerzeit angelegten Gärten und der unterhalb liegende Streuobstgürtel sind z. T. auch heute noch erhalten und vervollständigen das historische Stadtbild.

Schwalenberger Malkasten

Kurz bevor wir die Hauptstraße erreichen, führt uns eine steile Treppe (Weg der Stille) hinauf zur Evangelischen Kirche und in das Herz der Altstadt. Ein Streifzug durch die Stadt, vielleicht auch auf den Spuren der **Künstlerkolonie** wird sehr empfohlen.

Künstlerkolonie

Im 19. Jahrhundert verließen allerorten Künstler die Ateliers, um im Freien zu malen. Auf Anregung des Detmolder Malers Gustav Quentell entdeckte Gustav Adolf Koettgen, Mitglied des Düsseldorfer Künstlervereins *Malkasten* 1854 das pittoreske Schwalenberg. Ihm folgten viele weitere. Ihre Blütezeit erlebte die Schwalenberger Künstlerkolonie zwischen 1920 und 1939. Friedrich Eicke aus Dortmund gestaltete den Giebel der *Künstlerklause* mit örtlichen Szenen. Der Berliner Impressionist Hans Licht betrieb darin eine Malschule. In der Sommerakademie und im Kunst-Stipendium des Landesverbands Lippe sowie den Ausstellungen in der Städtischen Galerie, im Robert-Koepke-Haus und im Kunstverein lebt die Tradition weiter.

Schwalenberger Burgberg vom Lippebachtal aus gesehen

WANDERUNGEN
Westlippe und
Teutoburger Wald

Herford
Kalletal
Bad Salzuflen
Lemgo
18
Oerlinghausen
17
Detmold
16
Schloß Holte-
Stukenbrock
15
Horn-
Bad Meinberg
13
14
Schlangen

Silberbachtal, Preußische und Lippische Velmerstot

Matthias Füller

Der Landschaftscharakter dieser Wanderung hat sich in den letzten Jahren durch das großflächige Absterben der Fichtenwälder auf der Egge grundlegend verändert. So besorgniserregend diese Entwicklung auch ist, das Wandererlebnis hat dadurch nicht gelitten, ist vielleicht sogar noch gesteigert worden. Größere Passagen über von Steinen und Wurzeln durchzogene Pfade erfordern festes Schuhwerk und Konzentration. Dafür wird man mit vielfältigen Landschaftseindrücken belohnt.
Der Weg ist als Qualitätsweg „Wanderbares Deutschland“ zertifiziert.

Start: Wanderparkplatz „Silbergrund“ in Horn-Bad Meinberg – Leopoldstal, 900 Meter vom Bahnhof Leopoldstal entfernt
Alternativ: Wanderparkplatz Buchenberg an der Straße Veldrom – Horn, Nähe Kattenmühle in Horn-Bad Meinberg – Veldrom, 400 Meter vom Weg entfernt
Start-/Zielkoordinaten:
- DG: 51.846233; 8.965472
- UTM: 32U 497621.521; 5743936.597
- w3w: ///zeile.dankst.eimer

Länge: 10,6 km
Höchster Punkt: 464 m ü NN
Niedrigster Punkt: 260 m ü NN
Gesamtaufstieg: 240 Meter
Wegbeschaffenheit:
- Naturnahe Wege: 6,8 km (64 %)
- Befestigte Wege: 1,8 km (17 %)
- Asphalt/Pflaster: 2,0 km (19 %)

Markierung: Der Weg ist durchgängigmit dem Zeichen der Velmerstotroute gekennzeichnet.
Einkehrmöglichkeiten:
- Café im Grünen, Schnatweg 51,
32805 Horn-Bad Meinberg (Tel. 0171 5263549). Das Café sollte nach Möglichkeit nicht mit dem Auto angefahren werden.

Blick in das Silberbachtal

1. Etappe: Wanderparkplatz Silbergrund – Silbermühle (1,8 km)

Velmerstot-Route

Startpunkt ist der rund 700 Meter vom Bahnhof Leopoldstal entfernt gelegene Wanderparkplatz an der Straße „Silbergrund“. Über stille Straßen am Ortsrand von Leopoldstal erreichen wir das feuchte Waldgebiet „Im Bruch“, in dem im Frühjahr Märzenbecher und Hohe Schlüsselblumen blühen. Ein rechts abzweigender Pfad führt zum Parkplatz am Neuen Teich, einem alternativen Einstieg in die Rundwanderung. Kurz darauf überqueren wir an der alten **Schleifmühle** (1) einen Quellbach.

In dem in die Silberbachaue hinab führenden Weg haben Forstfahrzeuge tiefe Spuren hinterlassen, in denen sich das Wasser sammelt. Vereinzeltes Totholz und mächtige Bäume erzeugen ein urtümliches Waldbild. Für kurze Zeit laufen wir am Ufer des Silberbaches entlang und haben hier mit 240 m üNN den tiefsten Punkt der Wanderung erreicht. An der Brücke wechseln wir auf die andere Bachseite und wandern nun talaufwärts am Waldrestaurant **Silbermühle** (2) vorbei. Hier hat der auf der Westseite der Egge entspringende Silberbach in einem 1,8 km langen Kerbtal den von Sandsteinen

1. Hövelmanns Schleifkotten

In der rekonstruierten Schleifmühle wurden von 1612-1868 Messer, Äxte und andere Schneidwerkzeuge geschliffen. Angesichts der stark zurückgegangenen Schüttung der Quellen am Eggeosthang, ist kaum vorstellbar, dass die Wasserkraft des häufig trockenfallenden Baches einmal für den Betrieb eines Mühlrades ausgereicht haben soll.

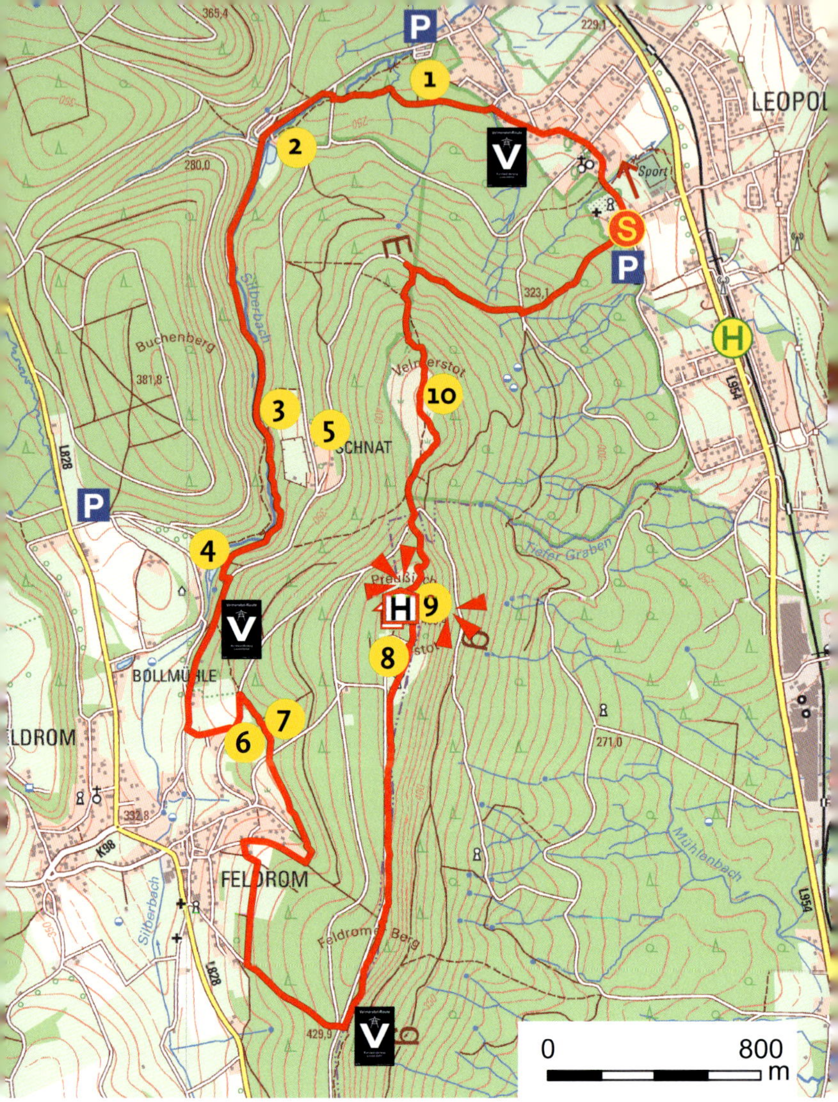

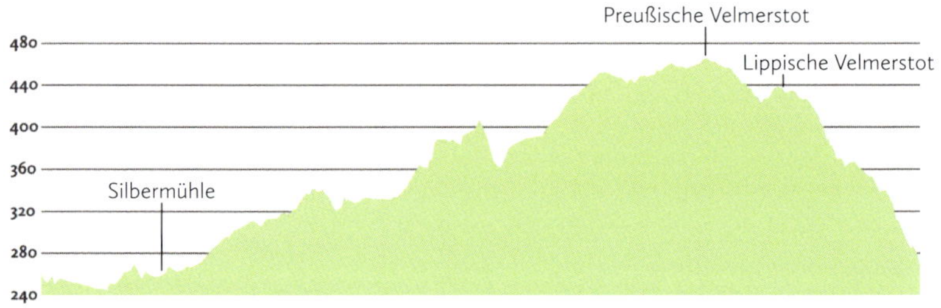

2. Silbermühle

Der Name bezieht sich auf ein 1710 an dieser Stelle errichtetes Packhaus, in dem das im Silberbachtal geschürfte Erz gewaschen wurde. Die Silberausbeute war jedoch so gering, dass der Abbau bereits 1711 eingestellt und das Gebäude zu einer Mahlmühle umgebaut wurde. Während der Betrieb der abgelegenen Silbermühle bereits 1927 eingestellt wurde, ist die gastronomische Tradition des 1895 hier begonnen Ausschankes bis heute erhalten.

der Unteren Kreide gebildeten Höhenzug der Egge durchbrochen. Das Tal markiert zugleich den Übergang von dem in N-S-Richtung verlaufenden Eggegebirge zum nordwestlich gerichteten Teutoburger Wald.

2. Etappe: Silbermühle – Preußische Velmerstot (6,3 km)

Der anfangs noch recht breite Weg wird an mehreren Stellen durch Quellhorizonte vernässt und führt später als wurzelig-felsiger, bei Nässe rutschiger Fußpfad mehr oder weniger nah am Silberbach entlang. Zwei wenig später auf beiden Talseiten über Stock und Stein verlaufende Pfade führen über Abraumhalden alter **Steinbrüche** (3). Allerdings muss man in den dicht aufwachsenden jungen Gehölzen und dem Verhau aus umgestürzten Fichten und angehobenen Wurzeltellern genau hinschauen, um die etwas vom Weg entfernt liegenden alten Abbaubereiche zu entdecken. In dem Steinbruch auf der linken (östlichen) Talseite wurden u. a. Steintröge hergestellt, während der besonders harte Sandstein auf der gegenüberliegenden Seite zu Mühlsteinen verarbeitet wurde. Die letzten Steine wurden 1881 vom Müller der oberhalb liegenden Kattenmühle hergestellt. Ein vermutlich nicht perfekt gearbeiteter Mühlstein liegt direkt am Wegesrand.

Spätestens an der Brücke hinter den Steinbrüchen folgen wir dem breiter werdenden Weg, der oberhalb der ehemaligen *Kattenmühle* (4) durch Freistellungsflächen hinauf zum Schnatweg führt. Auch hier sind die durch den Borkenkäfer geschädigten Fichten, wie im gesamten Talraum, bereits großflächig entnommen.

Ehemaliger Steinbruch an der Velmerstot

3. Steinbrüche

Früher waren in den Steinbrüchen am Eggekamm mehrere 100 Arbeiter beschäftigt. Größere Felsblöcke wurden mittels getrockneter Holzkeile, die in vorher gestemmte Keillöcher eingeschlagen und mit Wasser übergossen wurden, gesprengt. Der nicht nutzbare Abraum wurde an die unterhalb liegenden Hänge gekippt. Sandsteine aus der Egge wurden u. a. am Reichstagsgebäude in Berlin, am Rathaus in Paderborn, an der Lambertikirche in Münster, am Kölner Dom, am Landgericht in Detmold, am Viadukt in Altenbeken, an der Wewelsburg, am Schloss in Brake und in den 1936-39 errichteten Brücken der A2 verbaut.

Im unteren Silberbachtal

Wenn wir dem Schnatweg nach links 600 Meter folgen, erreicht man das Café im Grünen im *Naturfreundehaus* (5) Schnat.

Auf der Schnat, also an oder in der Nähe der alten Grenze von Lippe, verlief ein Handelsweg, der das unwegsame Silberbachtal auf halber Höhe umging und von Paderborn über Kempen-Feldrom nach Leopoldstal, Steinheim und weiter nach Hildesheim führte. Bis heute stellt der Eggekamm ein Verkehrshindernis dar, das nur an wenigen Stellen von Wegen gequert wird.

Am Waldrand öffnet sich der Blick in das Längstal an der Westseite der Egge. In den Wiesen ist der Verlauf des Silberbaches zu erahnen, der hier zwar nur ein unscheinbarer Wiesenbach ist, gleichwohl eine wichtige politisch-religiöse Grenze darstellte, zwischen dem jenseits des Baches liegenden, zum evangelischen Fürstentum Lippe gehörenden Veldrom und dem auf „unserer Seite" vor uns liegenden Feldrom, das Bestandteil des katholischen Fürstbistums Paderborn war. Erst 1970 wurde Kempen-Feldrom bei der Kommunalreform der Gemeinde Horn-Bad Meinberg zugeordnet und somit Bestandteil des Kreises Lippe.

Skulptur Engel am „Besinnungsweg"

An einem Wegekreuz treffen wir auf den „Besinnungsweg" Kempen-Feldrom-Veldrom, dem von hier an auch die Velmerstotroute folgt. Katholische und evangelische Christen, haben einen Weg geschaffen, der zum „Nachdenken über die Schöpfung und den Glauben anregen soll" (so die Webseite www.orte-verbinden.de). Originell gestaltete Bänke, Liegen und *Skulpturen* (6) befinden ich am Weg. Unser jetzt asphaltierter Weg führt in einem Bogen den Berghang hinauf, bis wir an einer rustikalen Holzbank rechts auf einen Fußpfad abbiegen, der hangparallel auf federndem Waldboden durch ein Mosaik aus geschädigten Fichtenbeständen und Freistellungsflächen führt. Kleine Ilexbüsche mit ihren auffälligen stacheligen, immergrünen Blättern weisen darauf hin, dass hier früher Vieh geweidet hat. Die **Bergheide** (7) bei Feldrom lässt erahnen, wie die Landschaft zu dieser Zeit einmal ausgesehen hat. Trotz des romantischen Eindrucks der von Blaubeersträuchern bewachsenen Fläche mit einzelnen alten Fichten, die dem Angriff des Borkenkäfers bis jetzt widerstanden haben, handelt es sich um ein verarmtes Stadium. Trotz wiederholter Pflegemaßnahmen hat die kampfkräftige Blaubeere inzwischen alle Begleitarten verdrängt, die früher auf den vom Vieh durch Tritt und Verbiss offen gehaltenen Böden wuchsen. Nur noch an den Wegböschungen konnte sich ein kleiner Bestand der Besenheide und einzelne Vorkommen des Gefleckten Johanniskrautes und des Haarginsters halten.

7. Bergheiden am Eggegebirge (oder ähnl.)

Noch Anfang des 20. Jahrhunderts waren die Kammlagen der Egge weitgehend unbewaldet. Durch jahrhundertelange Beweidung der flachgründigen Sandsteinböden hatten sich weitgehend baumfreie Bergheiden entwickelt. Erst 1786 begann die Aufforstung des Westhanges mit Fichten. Nach dem Siegeszug des Borkenkäfers bietet sich momentan ein Landschaftseindruck wie zuletzt vor 200 Jahren.

Nach der Querung eines schmalen Seitentales erreichen wir am Ortsrand von Feldrom einen schönen Wiesenweg, der durch terrassiertes Gelände mit artenreichem Grünland führt. Dann folgt ein abrupter Übergang in einen bereits geschädigten Fichtenforst, an dessen Ende der moderate Aufstieg auf den Eggekamm beginnt. Nach 50 Höhenmetern erreichen wir den Kammweg, lassen uns aber von der breiten Zufahrt zum ehemaligen **NATO-Gelände** (8) nicht verleiten, sondern wählen den jenseits der Straße verlaufenden Eggeweg. Ein Holzzaun sichert die vor uns liegende Abbruchkante des großen Steinbruches am Klippenweg. Von dem der Kammlinie folgenden Pfad öffnet sich der Blick über die freigestellten Hänge auf das östliche Eggevorland und das Steinheimer Becken. Leicht zu erkennen sind Köterberg, Schwalenberger Wald und der Winterberg mit seinem auffälligem Steilabfall im Norden hinter Blomberg.

Ein Sendemast markiert die ehemalige Grenze der Nato-Station auf der *Preußischen Velmerstot* (9). Nur noch Bodenwälle und einige Böschungen deuten auf die ehemalige militärische Nutzung der renaturierten Flächen hin. Ihr offener, lokal vom strauchartigen Besenginster dominierter Charakter ist nur mit hohem Pflegeaufwand durch Beweidung und zusätzliche regelmäßige Entbuschungen zu erhalten.

Turm auf der Preußischen Velmerstot

Bald ist der auf dem höchsten Punkt des Eggegebirges (468 m üNN) errichtete Aussichtsturm erreicht, der aber nach einer Brandstiftung im Jahr 2023 derzeit nicht begehbar ist. Trotzdem hat man vom Plateau im Umfeld des Turmes eine umfassende Rundsicht, die im Süden bis zu den Höhen von Habichtswald und Sauerland und im Norden über Detmold und Lage hinweg bis weit in das Ravensberger Hügelland hinein reicht. Im Westen schränken die Hochfläche des Bauerkampes und die Höhen des Teutoburger Waldes die Sicht in die Ostmünsterländer Bucht und das Paderborner Land ein.

Bergheide bei Feldrom

3. Etappe: Preußische Velmerstot – Lippische Velmerstot (0,8 km)

Über einen wurzeligen Pfad steigen wir auf den Sattel zwischen den beiden Velmerstot-Gipfeln hinab. Hier bietet sich ein kurzer Abstecher zu dem an der Ostseite des Eggekammes liegenden Steinbruch am Silberort an. Angesichts der steil aufragenden Felswände kann man nachvollziehen, welche Dimensionen der Abbau hier erreicht hat. Beim Rückweg fällt im Norden am Wegrand ein mächtiger Felsquader auf. Er markiert den 1685 zwischen Lippe und dem Fürstbistum Paderborn ausgehandelten Grenzverlauf auf der Velmerstot und zeigt auf der einen Seite die lippische Rose und gegenüber das bischöfliche Kreuz.

Dann setzen wir die Wanderung zur Bergheide auf der *Lippischen Velmerstot* (10) und zur Steingruppe auf dem zweithöchsten Gipfel des Eggegebirges (441 m üNN) fort.

Auch bei diesen heute natürlich wirkenden, steil nach Osten abfallenden Klippen handelt es sich um einen alten Steinbruch. Von hier aus führt der Weg über die Bergheide nach Norden. Auffällig ist der von der Preußischen Velmerstot abweichende Landschaftscharakter mit von einzelnen Gehölzen durchsetzten Blaubeer-, Besenheide- und Pfeifengrasbeständen. Zur Erhaltung des offenen Heidecharakters wird die Bergheide jeweils im Herbst beweidet.

4. Etappe: Lippische Velmerstot – Wanderparkplatz Silbergrund (1,7 km)

Nun führt der Weg an skurril gewachsenen Baumgestalten vorbei steil den Hang hinab an der Grenze des nächsten, alten Steinbruches vorbei. Haben Sie mitgezählt? Es ist der 7. Steinbruch entlang unserer Route – vor 150 Jahren wären Sie durch eine Industrielandschaft mit Steinmetzhütten und Abraumhalden gewandert.

8. NATO-Station

1964 errichteten niederländische NATO-Truppen hier ein 11 ha großes Militärgelände mit Luftabwehrstellungen. Ab 1990 waren hier auch Patriot-Raketen stationiert. Nach dem Abzug der NATO-Truppen (1994) wurde das Gelände in den Jahren 2002-2003 durch den Landesbetrieb Wald und Holz (Forstamt Paderborn) renaturiert, der auch die Pflege des Geländes koordiniert.

Schafe und Ziegen der Biologischen Station Lippe auf der Lippischen Velmerstot

Ein breiter Forstweg führt nun durch die Buchenwälder am Osthang des Eggegebirges. Sie markieren den Übergang von den Sandsteinböden des Eggekammes zu stauenden Juratonen. Quellhorizonte an den Wegrändern und stark eingetiefte Bachrinnen am Unterhang weisen auf das zeitweilig hier austretende Wasser hin. An einer T-Kreuzung folgen wir dem senkrecht den Hang in Richtung Leopoldstal hinab führenden Pfad. Der im unteren Hangbereich stark vernässte Weg wird hier von auffälligen Beständen der Hängesegge gesäumt.

Blick von der Preußischen Velmerstot auf den Teutoburger Wald

Weite Blicke und tiefe Täler im Kohlstädter Kalkbergland

Henning Schwarze

Die „Kohlstädter Waldroute“ führt durch das große Waldgebiet im Dreieck Kohlstädt-Kreuzkrug-Externsteine. Sie punktet mit spektakulären Fernblicken und sehr viel Ruhe. Im Winter ist die Wanderung besonders reizvoll. Ein Abstecher führt zum höchsten Berg des Teutoburger Waldes, dem Barnacken.

Start: Wanderparkplatz Welandsborn in Kohlstädt;
Westroute alternativ: Zuwegung vom Kreuzkrug, Kreuzkrug 1, 33189 Schlangen
Start-/Zielkoordinaten:

- DG: 51.835584; 8.881486
- UTM: 32U 491835.178; 5742758.294
- w3w: ///neubaugebiet.anspricht.erkannt

Länge: 9,4 km (Westroute 5,8 km, Ostroute 5,2 km)
Höchster Punkt: 398 m üNN
Niedrigster Punkt: 232 m üNN
Gesamtaufstieg: 250 m
Wegbeschaffenheit:

- Naturnahe Wege: 1,8 km (19 %)
- Befestigte Wege: 7,5 km (80 %)
- Asphalt/Pflaster: 0,1 km (1 %)

Markierung: Kohlstädter Waldroute
Parken: Wanderparkplatz Welandsborn, Kohlstädt
ÖPNV:

- Ost: Bus Linie R50, R51, Haltestelle Kohlstädt Sommerberg (0,6 km zum Start)
- West: Bus Linie R51, Haltestelle Schl-Oesterholz Altersheim (2,4 km zum Start)

Blick vom Waldrand auf Oesterholz und die Senne

Blick ins Strohtetal mit B 1

Ost- und Westroute werden getrennt beschrieben. Außerdem werden Hinweise zur Zuwegung vom Kreuzkrug und zu Erweiterungsmöglichkeiten gegeben (Padberg, Barnacken).

Ostroute – Dem Dach des Teutoburger Waldes entgegen

Wir starten unsere Wanderung am Wanderparkplatz Welandsborn und gehen den Forstweg bergauf. Nachdem wir in einer Senke auf eine Kastanienreihe treffen, biegen wir nach rechts und nach einigen Metern noch einmal nach rechts ab. Das Wegezeichen der **Kohlstädter Waldroute** begleitet uns. Der Weg schlängelt sich durch dichten Buchenwald hinauf auf den Breitenberg. Insbesondere Anfang Mai sorgen die frischen Triebe an den Buchen für ein ansehnliches Farbenspiel mit intensivem Grün. Nach ca. 1,25 Kilometern erreichen wir auf 320 m üNN den vom Teutoburger Wald Tourismus neu eingerichteten Fotopunkt. Hier haben wir eine wunderbare Fernsicht in das Tal der Strothe, auf die Gemeinde Schlangen und bis nach Paderborn. Unter uns im Tal sieht und hört man die Bundesstraße 1. Die von unserem Aussichtspunkt nicht sichtbare Strothe ist ein typischer Karstbach, der aus mehreren temporären Quellen im Kalkgestein hervortritt und das tief eingeschnittene Tal in das Gestein gegraben hat.

Kohlstäder Waldroute

Nach Osten hin blicken wir auf die dicht bewaldeten Ausläufer von Rabensknapp und Hohlestein (433 m üNN). Das nun zu durchwandernde Gebiet ist deutlich sichtbar arg vom Klimawandel gebeutelt. Auf den ehemaligen Fichtenflä-

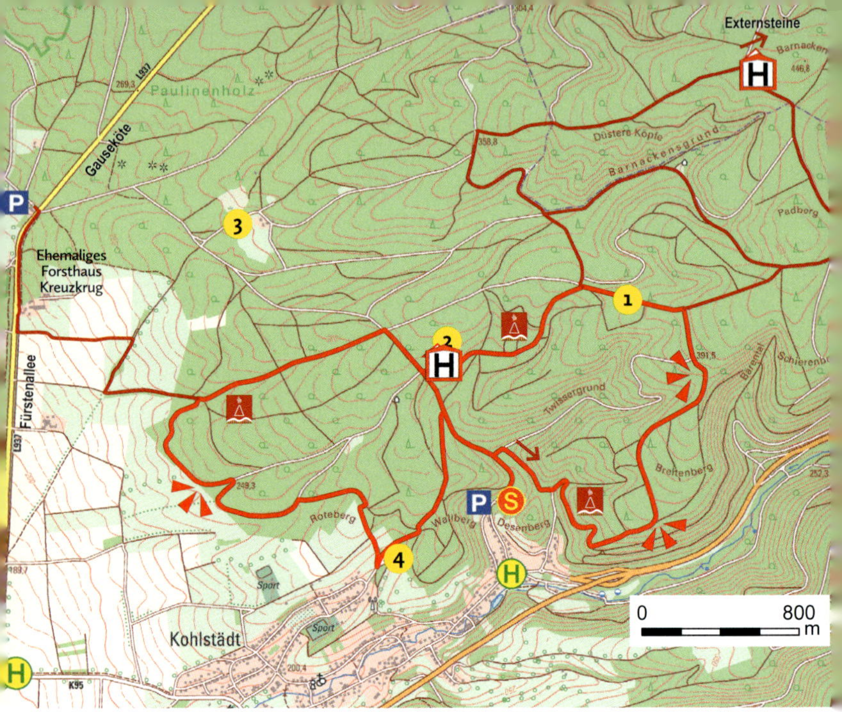

Waldroute Ost

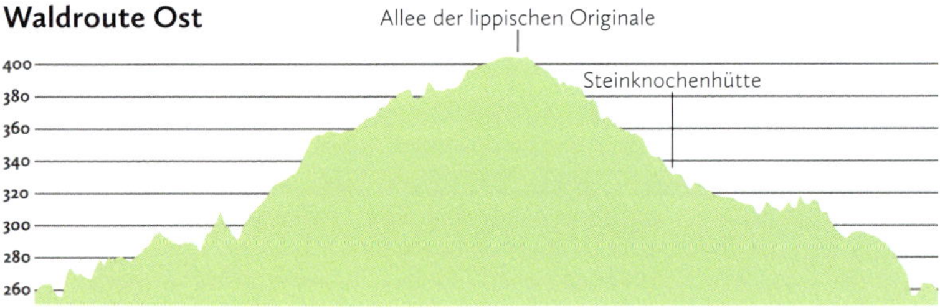

Waldroute West

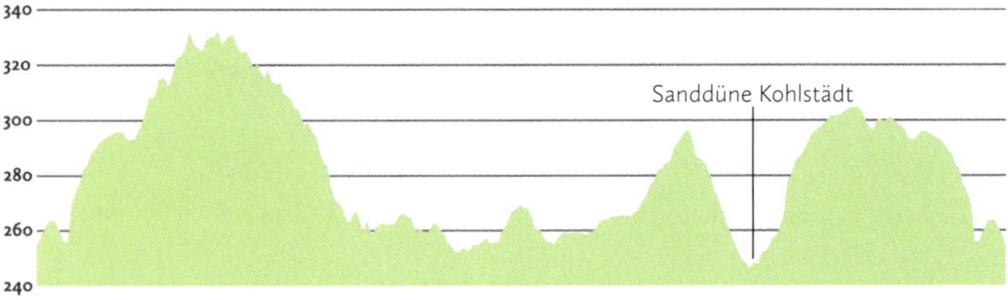

chen befanden sich bis in die Nachkriegszeit die Viehweiden der Kohlstädter Bauern, die das Vieh über steile Wege in den Stall treiben mussten. Die Forstwege, über die unsere Route verläuft, gab es noch nicht. Nach dem Zweiten Weltkrieg erwarb der Landesverband diese Flächen und pflanzte Fichten. Fichtenstämme wurden über den Bahnhof in Bad Lippspringe ins Ruhrgebiet transportiert und dienten dort auch dazu, die Stollen unter Tage abzustützen. Heute, nach der Entnahme der kranken Fichten haben wir die Gelegenheit, hier oberhalb des Twisselgrundes, einen der spektakulärsten

Kohlstädt und der Wald

Kohlstädt ist auf vielfältige Weise mit dem Wald verbunden. „Der Wald hat uns alle ernährt", so der Ausspruch einer alten Kohlstädterin. Die Landwirtschaft war nicht besonders ertragreich, man brauchte den Wald, um die Existenz zu sichern. Die Bauern verdienten ihr Geld durch Holzfuhren, schlugen Holz für den Eigenbedarf oder versorgten Tischlereien im Ort mit Holz. Im Dorf lebten auch Waldarbeiter im Haupterwerb. Bis in die Nachkriegszeit übernahmen sogenannte Kulturfrauen das Einpflanzen von Setzlingen, insbesondere auf ehemaligen Weideflächen. Holz lieferte den Rohstoff für die Herstellung von Holzkohle, die Glasherstellung und das Brennen von Kalk. Wie auch anderswo stritt man mit dem Adel über Jagdrechte und die Nutzung des Waldes für Glashütten, Kalkbrennereien und Köhlereien in Kohlstädt.
Über die Waldgeschichte in Schlangen, Kohlstädt und Oesterholz informiert anschaulich Ingrid Schäfer in der Schlänger Ortschronik.

Fernblicke der Region zu genießen. So kann man von hier nicht nur auf die Gemeinde Schlangen und das Paderborner Land schauen, sondern man hat auch einen guten Ausblick auf die Sennelandschaft und erkennt im Offenland des Truppenübungsplatzes die markante Winnigmühle bei Bad Lippspringe. Wenn es die Witterung erlaubt, reichen die Ausblicke jedoch deutlich weiter und man sieht nicht nur die Ausläufer des Sauerlandes und der Soester Börde, sondern auch das östliche Ruhrgebiet.

Weite Teile der ehemaligen Fichtenflächen sind schon wieder bepflanzt worden, überwiegend mit Laubbäumen, auf Kalkböden Rotbuchen und auch Mammutbäume, auf Sand Eichen, Ahorn und Douglasie.

Bald – nach ungefähr der Hälfte der Strecke – erreichen wir den mit 398 m üNN höchsten Punkt unserer Wanderung. Hier, an einer Weggabelung, können wir uns entscheiden, ob wir uns noch in Richtung Barnacken aufmachen wollen. Die Kohlstädter Waldroute allerdings führt an einer Ruhebank nach links und folgt einer neu angelegten *Allee der Lippischen Originale* (1).

Bank mit Blick auf die „Allee der lippischen Originale"

Erneut eröffnen sich weite Blicke in die endlos scheinende Sennelandschaft und im Nordwesten auf den Höhenzug des Teutoburger Waldes zwischen Bielefeld und Tecklenburger Land. An einer weiteren markanten Weggabelung befindet sich eine Infotafel über die „Allee der Lippischen Originale." Für die auf Initiative des Rotary Clubs angelegte Allee wurden „originale" Nachzuchten von alten Eichen aus der Fürstenallee in Schlangen-Oesterholz verwendet. Die Allee soll bis zum Barnacken fortgesetzt werden.

Wir befinden uns hier übrigens im ehemaligen Hauptjagdgebiet der lippischen Landesherren. Die Allee war bis ins 19. Jahrhundert Ausgangspunkt für damals in adligen Kreisen beliebte Parforcejagden, bei denen das Wild durch Feld und Wald gehetzt wurde, bis es zusammenbrach.

In dem hier sehr einsamen Waldgebiet stößt man heute auf größere Damwildrudel. Nicht ganz so häufig, aber dennoch präsent sind Rot- und Schwarzwild.
Durch das Tal zwischen Schorenberg und *Steinknochen* (2) erreichen wir dann die Steinknochenhütte. Direkt hinter der Hütte liegt ein kleiner Aufschluss, der Blicke in das anstehende Kalkgestein freigibt. Hier müssen wir uns entscheiden, ob wir in nördliche Richtung gehen und dort auch den westlichen Teil der Kohlstädter Waldroute erwandern wollen (5,8 km), oder zu unserem Ausgangspunkt, dem Wanderparkplatz Welandsborn, zurückkehren (ca. 850 Meter).

Ehemaliger Kalksteinbruch

Westroute – Am Rande der Senne

Die Westroute kann man am Parkplatz Welandsborn beginnen und zur Steinknochenhütte wandern. Es bietet sich aber auch die Zuwegung vom Kreuzkrug an. Von der Steinknochenhütte führt der Weg ca. 300 Meter nach Norden. Wir berühren den höchsten Punkt der Route (312 m üNN), biegen dann nach links in ein bewaldetes Trockental ein. Den nächsten Kilometer geht es stetig bergab. Wer dabei aufmerksam links des Weges schaut, wird eine Reihe von kleinen und größeren Senken erkennen, die wie Bombentrichter anmuten. Hierbei handelt es sich um ein typisches Phänomen einer Karstlandschaft, um sogenannte

Waldrandweg im Winter

Abendstimmung mit Blick auf das Paderborner Land

Erdfälle bzw. Dolinen. Diese entstehen, wenn im Untergrund fließendes Wasser das Kalkgestein löst, Hohlräume entstehen und irgendwann die darüber liegende Deckschicht einbricht. Wenn sich diese Erdfälle wie Perlen an einer Kette aneinanderreihen, ist dies häufig ein Indiz dafür, dass sich dort ein unterirdisches Fließgewässer befindet. Kurz bevor wir das Offenland zwischen Kohlstädt und Oesterholz-Haustenbeck erreichen, biegen wir scharf in südliche Richtung ab. Die nächsten 1,8 km erwartet uns eine wunderbare Wegstrecke, die sanft ansteigt und größtenteils am Waldrand verläuft. Dabei offenbaren sich immer wieder außergewöhnliche Ausblicke, z. B. auf den Haustenbecker Turm und die Senne, die historische Fürstenallee und das Jagdschloss, jetzt Kreisaltenheim, in Oesterholz. Weitere Dolinen und Aufschlüsse im Kalkgestein liegen am Wegesrand.

Die Buchen am Waldrand bieten gute Standorte für die Horste von Rotmilanen, deren akrobatische Flugkünste wir hier bewundern können. Im Offenland mit extensiver Acker- und Grünlandnutzung findet der Rotmilan ein gutes Nahrungsangebot.

Einen finalen Fernblick können wir oberhalb von Kohlstädt vom sogenannten „Schützenblick“ genießen. Von dort führt uns ein schmaler Pfad an einer Aufforstungsfläche entlang und dann über die alte We-

Leinkraut

Hütte am Welandsborn

geverbindung zwischen Kohlstädt und dem *Forsthaus Nassesand* (3), ehemals Standort einer Glashütte, bergab zur **Kohlstädter Sandkuhle** (4). Unseren Ausgangspunkt erreichen wir, indem wir zunächst den Wallberg bewältigen (280 m üNN) und dann entlang einer weiteren Aufforstungsfläche den Forstweg zwischen Steinknochenhütte und Welandsborn erreichen, dem wir nach rechts folgen.

Abstecher zum Padberg und Barnacken (1,2 km)

Von der Weggabelung an der „Allee der lipischen Originale" wandern wir bergauf nach rechts in Richtung Nordosten. Bereits nach etwas weniger als 500 Metern befinden wir uns unterhalb des Padbergs. Dieser ist mit 439,8 m üNN der höchste Gipfel der Gemeinde Schlangen.

Zum Barnacken gelangt man, wenn man den Padberg auf der östlichen Seite umwandert. Wir können hier – zumindest in der laubfreien Phase – den Blick auf den Schwalenberger Wald und den Köterberg genießen. Da die Gipfel von Padberg und Barnacken bewaldet sind, lohnt es sich nicht, hier die Wege, die wenige Meter unter den „Gipfeln" verlaufen, zu verlassen. Fast direkt am Weg befindet sich die Barnackenhütte, die allerdings verschlossen ist. Zur Waldroute können wir auf dem gleichen Weg zurückwandern oder auch den anstrengenderen Weg durch den Barnackensgrund wählen (siehe Karte).

Die Sanddüne in Kohlstädt, ein Relikt der Eiszeit

Zuwegung vom Kreuzkrug in Schlangen/ Fürstenallee (1,4 km)

Kreuz-krugweg

Vom Parkplatz am Fürstlichen Forsthaus Kreuzkrug (Restaurant nicht geöffnet, Stand Juli 2024) an der Landstraße zwischen Schlangen und Detmold wählen wir den Weg auf der östlichen Seite der Fürstenallee Richtung Schlangen, passieren den Alleenhof und biegen dann nach links ab. Durch Felder und Wiesen erreichen wir den „Alten Hornschen Weg“, einst eine Ausweichstrecke der Cöllnischen Straße, einen bedeutenden Handelsweg von Paderborn nach Magdeburg. Wenn der Weg nach 400 Metern endet, wenden wir uns nach links und erreichen, von einem Hohlweg begleitet, nach etwa 500 Metern die Kohlstädter Waldroute.

3. Kohlstädter Sandkuhle

Vor etwa 200.000 Jahren wurde durch das Abschmelzen der Gletscher der für die Senne typische Sand in der Landschaft abgelagert. Dieser wurde durch die vorherrschenden Westwinde weit hinauf in die Täler des Teutoburger Waldes und des Kohlstädter Kalkberglandes geweht und hat Dünen ausgebildet. Das Besondere an der Sanddüne in Kohlstädt ist, dass der Sand auch heute noch offen zu Tage tritt und in Teilen nicht bewachsen ist. Die Kombination von Kalkgestein und abgelagertem Sand sorgt für ein besonderes Bodenmilieu, das Heimat für spezialisierte und seltene Pflanzenarten ist (Bauernsenf, Silbergras, Sandsegge, und Berg-Sandglöckchen). Unser Weg berührt an der Sandkuhle den Ortsrand des Schlänger Ortsteils Kohlstädt im Strothetal. Von der Sandkuhle führt der Rundweg um Schlangen (S) auf einer sehr abwechslungsreichen Teilstrecke zur Strothe, an der „Starkschen Mühle“ vorbei nach Schlangen.

Die Wanderroute Römer-Ritter-Riten – Externsteine, Falkenburg, Vogeltaufe, Bärenstein

Johannes Kopel-Varchmin, Adolf Nagel

Die Externsteine sind neben dem Hermannsdenkmal das Touristenziel in Lippe. Aber auch die in den letzten Jahren in Teilen restaurierte Falkenburg ist ein Anziehungspunkt. Der durch häufige Landschaftswechsel sehr abwechslungsreiche Weg bietet neben vielen Sehenswürdigkeiten auch Stille und schöne Aussichten. Besonders beeindruckend ist die Bergheide der Vogeltaufe oberhalb von Holzhausen.

Start: Infozentrum an den Externsteinen, Externsteiner Straße 35, 32805 Horn-Bad Meinberg

Start-/Zielkoordinaten:

- DG: 51.868350; 8.923583
- UTM: 32U 494738.557; 5746398.649
- w3w: ///erdkunde.hinaus.etwa

Länge: 11,7 km

Höchster Punkt: 397 m üNN (Falkenburg)

Niedrigster Punkt: 244 m üNN

Gesamtaufstieg: 381 Meter

Wegbeschaffenheit:

- Naturnahe Wege 4,8 km (41 %)
- Befestigte Wege 5,6 km (48 %)
- Asphalt/Pflaster 1,3 km (11 %)

Markierung: Der Weg ist größtenteils als Themenweg (T im Kreis) gekennzeichnet, für die dritte Etappe gelten andere Wegzeichen (siehe Karte).

Parken: gebührenpflichtiger Parkplatz Externsteine, von dort wenige Meter zum Infozentrum

ÖPNV: Linie 782 Haltestelle Horn-Holzhausen, Abzweig Externsteine

Einkehrmöglichkeiten:

- Holzhausen:
  Landhotel Café Weber (05234/ 8 49 30),
  Waldhotel Bärenstein (05234/ 20 90),
  Wanderhotel Waldesruh (05234/ 24 16)
- An den Externsteinen:
  Felsenwirt an den Externsteinen (05234/ 23 10) am Infozentrum

Wir beginnen unsere Wanderung im Infozentrum an den Externsteinen. Ein Besuch in dem kostenfreien, kleinen Museum ist ein Muss. Unter anderem gibt ein kurzer Film einen Einblick in die Geschichte der Externsteine und in die Fauna und Flora des Naturschutzgebietes.

Bergheide am Knickenhagen

1. Etappe: Externsteine – Falkenburg (4,5 km)

Es lohnt sich an den Steinen innezuhalten und auf Details zu achten, insbesondere auf die vielen Zeugnisse menschlichen Handelns. Dazu gehört auch der Obere Teich, der zu Beginn des 19. Jahrhunderts angelegt wurde. Durch die **Externsteine** (1) führte bis 1937 die Reichsstraße 1 von Aachen nach Königsberg und auch die Straßenbahn von Paderborn nach Detmold. Ein Relikt der Straßenbahn ist ein Eisenhaken in fünf Metern Höhe, an der die Stromleitung der Straßenbahn befestigt war.

B

Blaubeer-Route

Auf unserer Wanderung durchqueren wir die Externsteine durch das sogenannte Felsentor. Ein Abstecher auf den Knickenhagen mit einer sehr abwechslungsreichen Bergheidefläche lohnt sich. Blaubeer-Route (B) und Hermannsweg führen nach links über eine Treppe auf den Knickenhagen. Hier gibt es weitere zu den Externsteinen gehörende Felsformationen zu sehen, verbunden mit besonderen Blicken auf die sich unten befindende Haupt-Felsengruppe. Der Blaubeer-Route (B) werden wir später noch begegnen.

Straßenbahn an den Externsteinen

Nach ca. 100 Metern erreichen wir das *„Europäische Wanderkreuz“* (2), errichtet 2016. Das Wanderkreuz soll darauf aufmerksam ma-

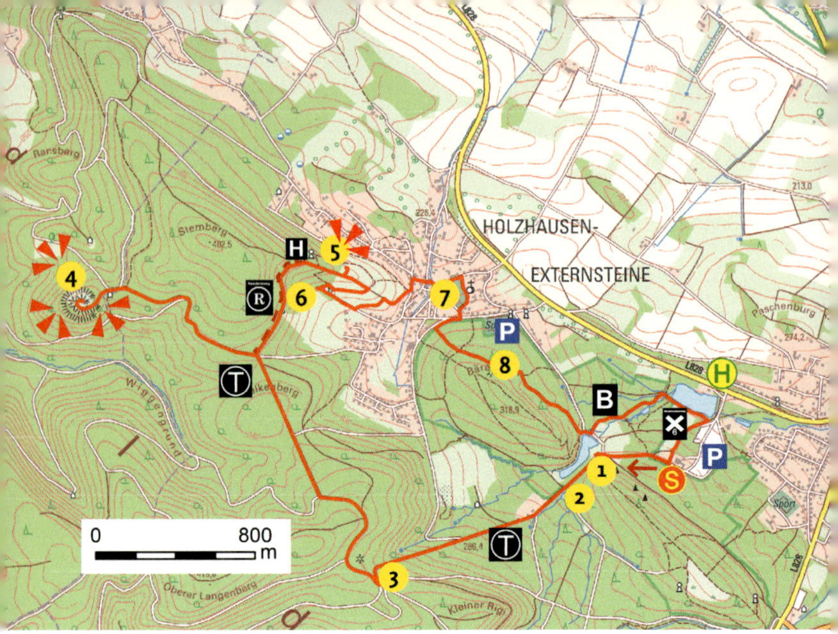

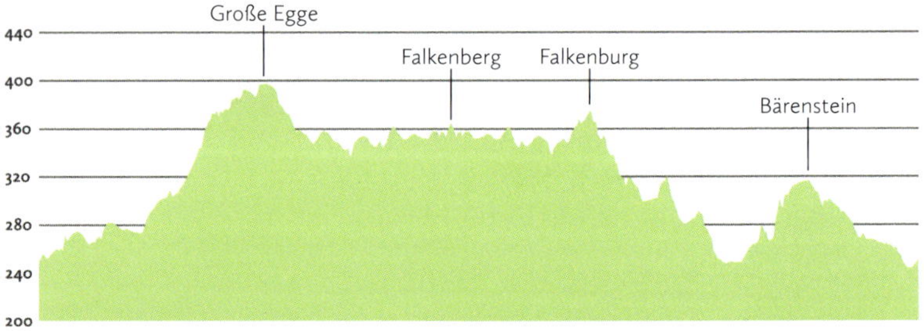

1. Externsteine

Die ca. 70 Millionen Jahre alte Sandsteinformation ist das spektakulärste erdgeschichtliche Monument der Region. Bis zu 38 Metern ragen die Felsen hinauf. Die Felsformation besteht aus Osningsandstein, der im Erdzeitalter Unterkreide aus Sedimentablagerungen des ehemaligen nordwesteuropäischen Flachmeeres vor rund 100 Millionen Jahren und ihrer steten Verdichtung entstand. Etwa 30 Millionen Jahre später, in der Kreidezeit, wurden die flach lagernden Schichten durch tektonische Prozesse senkrecht aufgestellt. Starke Niederschläge und hohe Temperaturen führten zu Verwitterungen und Auswaschung der Gesteine. Diesen Einflüssen hielten die härteren Sandsteine besser stand als die umgebenden Schichten und es bildeten sich Felsrippen in der heutigen Form.

Die Externsteine werden alljährlich von etwa 500.000 Menschen besucht. Der Wanderer sollte sich ausreichend Zeit für die Betrachtung der Steine nehmen. Je nach Jahreszeit und nach Blickwinkel erscheinen die Steine in anderem Licht. Bilder und Figuren werden sichtbar, beeindruckende Licht und Schattenspiele können beobachtet werden.

Die Felsen bieten eine schöne Aussicht in die umgebende Landschaft.

Die Externsteine haben die Menschen seit jeher fasziniert, wobei umstritten ist, welche Rolle sie in germanischer Zeit gehabt haben. Wurden sie von den Germanen als Heiligtum verehrt, waren sie ein Ort für rituelle Handlungen?

Kunsthistorisch sehr bedeutsam ist das 5 Meter hohe und 3,75 Meter breite Kreuzabnahmerelief.

chen, dass sich in der Nähe der Europäische Fernwanderweg E 1 von Norwegen bis Süditalien (hier identisch mit dem Hermannsweg) und der Radfernweg E 1 von der französischen Atlantikküste bis St. Petersburg kreuzen. Unsere Route (auch X 7, X 6 und Bäderweg) führt geradeaus. Vom Forsthaus auf der rechten Seite geht es bergan auf einer alten Handelsstraße in Richtung Passhöhe **„Große Egge“** (3).

3. Historische Straßen der „Großen Egge“

In direkter Umgebung der Externsteine findet man eine Vielzahl an Straßenverläufen aus unterschiedlichen historischen Epochen. Hierüber informieren ein Flyer des Naturparks und Tafeln im Gelände.

Bei dem Weg zur „Großen Egge handelt es sich um eine „Kunststraße“ und zwar eine Chaussee, die zu Beginn des 19. Jahrhunderts von der lippischen Fürstin Pauline in Auftrag gegeben wurde. Für den Dammweg wurden große Mengen Anfüllmaterial verwandt, wahrscheinlich aus umliegenden Steinbrüchen. Vor dem Bau dieser Straße mussten sich die Fuhrleute mit ihren Gespannen durch enge unbefestigte Hohlwege zwängen. Einer dieser Hohlwege wurde freigelegt, andere lassen sich links und rechts des Wegs noch gut erkennen. Dieser Hohlweg geht mindestens auf das 13. Jahrhundert zurück und musste tief in den Fels geschlagen werden, damit die mittelalterlichen Wagen die Passhöhe überqueren konnten.

Mit etwas Phantasie kann man sich in das Leben der Fuhrleute hineindenken. Sie kamen mit ihren Gespannen aus Richtung Horn, als Zugtiere dienten Pferde und Ochsen. Zur Überwindung des Teutoburger Waldes mussten an den Steigungen zusätzliche Zugtiere vorgespannt werden.

Der Weg wird von einer neu angelegten Blutbuchenallee begleitet, die den Straßencharakter dieses Wegabschnittes unterstreicht. Informationstafeln informieren über alte Straßen und Handelswege. Nicht übersehen sollten Sie etwa 200 Meter vor der Passhöhe (Hinweisschild) den Einstieg in den **Hohlweg** (3) „Große Egge“. Der ca. 100 Meter lange, manchmal etwas rutschige Hohlweg wurde in ehrenamtlicher Arbeit freigelegt und kann begangen werden.

Residenzweg

Die Passhöhe Große Egge (auch als Krüpplige Buchen bezeichnet) ist ein Schnittpunkt vieler Wanderwege. Wir befinden uns hier auch auf der Rhein-Weser-Wasserscheide.

Unsere Route (zunächst identisch mit dem X 6) führt nach rechts und bleibt auf dem Kamm. Nach ca. 500 Metern sind wir auf dem höchsten Punkt unserer Wanderung (386 m ü NN), mit Aussichten auf die Extern-

Hohlweg in der Nähe der Großen Egge

Römer-Ritter-Riten

steine und Horn-Bad Meinberg bis zum Köterberg. Nach weiteren 200 Metern trennen wir uns vom X 6 und tauchen ein in ein Gebiet der fast völligen Stille. Hier kann den natürlichen Geräuschen des Windes und der Vögel gelauscht werden.

An einer Wegspinne (Winkelstor) folgen wir weiterhin dem leicht nach links schwenkenden T-Weg. Abkürzen können wir, indem wir dem geradeaus (Zielwegweiser) abbiegenden Rundweg um Detmold (R – Residenzweg) folgen, der direkt zur Vogeltaufe und nach Holzhausen führt. Unsere Route (T) führt zur Schutzhütte unterhalb der **Falkenburg** (4) und von dort bergauf zur Burg.

2. Etappe: Falkenburg – Kurpark Holzhausen (3,2 km)

Zunächst geht es zurück zum Winkelstor, dort nach links auch auf dem Residenzweg/Hermannsweg in Richtung Vogeltaufe. Auf der rechten Seite passieren wir den Holzhauser Skihang. Die die ca. 250 Meter lange Skipiste (mit Schlepplift) hat einen Höhenunterschied von ca. 70 Meter. An der **Vogeltaufe** (5) gibt es einen Gedenkstein, eine Infotafel und, leicht zu übersehen, kleine Vogelskulpturen, in den Bäumen. Hier gibt es einen Gedenkstein und eine Infotafel. Schriftlich überliefert ist, dass der Abt Athanasius im 8. Jahrhundert an der hier früher befindlichen Quelle sachsische Edelleute getauft hat. Die Quelle ist hier nicht mehr vorhanden. Der Sage nach sollen bei der Taufe von Abbio von Thiotmali, einem Gefährten Widukinds, sich hunderte von braunen Vögeln an der Quelle niedergelassen haben und einen Lobgesang ertönen lassen.

Von der Spitze des Bergrückens Vogeltaufe geht es hinunter. In Richtung Osten wird der Blick frei auf die Lippische und Preußische Velmerstot (zweite mit Aussichtsturm). Schnell sind wir in einer besonders eindrucksvollen parkartigen Landschaft, die zu einem längeren Aufenthalt einlädt und auch für Familien attraktiv ist. Der Info- und Aussichtspunkt mit Vogelstimmenwand auf der linken Seite, nur wenige Meter vom Weg entfernt, ist ein Muss. Der Blick geht von Bad Salzuflen bis Schwalenberg am Rande des Schwalenberger Waldes mit dem Mörth.

Sachsentaufe

Eindrucksvoll ist die „Holzhauser Tierwelt“, bestehend aus 15 aus Stahl gefertigten Skulpturen, die vom Verler Künstler Hans Kordes geschaffen wurden und im gesamten Gelände verteilt sind. Kordes hat Tiere ausgewählt, die im Naturpark Teutoburger Wald/Eggegebirge leben, Wildtiere wie Reh, Wildschwein und Wolf, aber auch Nutztiere wie Heidschnucken.

Ruhebank an der Vogeltaufe

Der T-Weg führt auch zur „*Sachsentaufe*“ (6). Hier verlassen wir kurz den Hermansweg. Heimatfreunde haben hier ein Quellbecken gemauert und diesen sehr schönen, ruhigen Platz mit einer Informationstafel und einer Ruhebank versehen. Viele Wanderer sind beeindruckt von der Stille. Pilgergruppen stimmen hier oftmals ein Lied an und versinken in ein Gebet.

Kleiner, aber feiner Kurpark Holzhausen

Der Weg führt nun bergab in den Ort Holzhausen-Externsteine mit schönen Fachwerkhäusern zu unserem Zwischenziel, dem neu gestalteten *Kurpark von Holzhausen* (7).

4. Falkenburg

Die Falkenburg gilt als „Ursprung Lippes“. Mit dem Bau wurde 1194 begonnen und sie war bis zum 15. Jahrhundert Zentrum der lippischen Landesherrschaft. Im Lippischen Landesmuseum wird über den Bau der Burg, ihre Funktion und das Leben auf der Burg informiert. Im 16. Jahrhundert verfiel die Burg. Die Steine der Ruine wurden zu Beginn des 19. Jahrhunderts u. a. für den Straßenbau verwendet. Ab 2004/2005 begann man mit archäologischen Untersuchungen und der Sanierung der Burg. Die Arbeiten wurden 2019 beendet.
Die Erkenntnisse der Untersuchungen werden dargestellt in:
Müller-Kissing, Johannes: Die Falkenburg, Archäologische Untersuchungen in einem hoch- und spätmittelalterlichen Dynastensitz bei Detmold-Berlebeck, 2022 (Nünnerich-Asmus Verlag)
Führungen können über www.falkenburg-lippe.de gebucht werden.

3. Etappe: Kurpark Holzhausen – Infozentrum Externsteine (2,6 km)

Über die Straße „Am Bärenstein“ erreichen wir das Naturschutzgebiet Externsteine. Der Weg (hier auch H) führt uns über einen sanft ansteigenden Sandsteinrücken, den **Bärenstein** (8). Der Name Bärenstein hat nichts mit wilden Bären

Hutebuche am Bärenstein

zu tun, sondern ist vom Mittelniederdeutschen „bêr (= Eber)" oder auch von den Blaubeeren abgeleitet.

Wir verlassen den Bärenstein steil abwärts, teilweise auf Stufen durch einen Buchenhochwald bis fast an die Externsteine. Wir wenden uns der Blaubeer-Route (B) folgend nach links und wandern in ein feuchtes Waldgebiet, dem Schliepstein, an dessen Rand die Wiembecke fließt. In dem nach Norden sanft abfallenden Hang treten mehrere Quellen aus. Da stauende Tone im Untergrund die Wasserversickerung behindern, wird der Wald hangabwärts immer feuchter. Hier wachsen dann zunehmend Erlen und Eichen. Die Quellen spei-

5. Historische Kulturlandschaft Vogeltaufe

Der Charakter der Vogeltaufe weicht deutlich von dem der benachbarten Bergheiden ab.

Beim Abstieg in Richtung Holzhausen Externsteine sieht man Terrassenkanten im Gelände. Sie bilden die Grenzen von bis in die 1960er Jahre genutztem Ackerland. Angebaut wurden Kartoffeln und Roggen. Die bei der Bearbeitung immer wieder an die Oberfläche gebrachten Steine wurden aufgelesen und in die Böschungen eingebaut. Der nicht nutzbare Bereich zwischen den kleinen Äckern und besonders steile oder flachgründige Böden wurden beweidet. Vor allem hier tritt die typische von Blaubeere und Besenheide bestimmte Vegetation der Bergheiden auf. Auf den alten Ackerböden hat sich stattdessen mageres Grünland entwickelt. Aufgrund dieser Standortvielfalt und dem parkartigen Charakter hat das Gebiet zu jeder Jahreszeit einen besonderen Reiz. Die Beweidung mit Schafen und Ziegen (der Biologischen Station Lippe) und ergänzende Pflegemaßnahmen sorgen dafür, dass der hier wachsende Adlerfarn und Gehölze in Schach gehalten werden und so die historische Kulturlandschaft erhalten wird.

Burgruine Falkenburg bei Detmold-Berlebeck

sen die Wiembecke und und einen im Tal liegenden Unteren Teich, an dem unsere Route entlang führt. Von dort erreichen wir über einen gekennzeichneten Weg (X 6, X 7, Bäderweg ...) wieder das Infozentrum.

7. Kurpark Holzhausen-Externsteine

Der Ortsteil Holzhausen von Horn-Bad Meinberg (seit 1970) hat heute etwa 1.200 Einwohner und ist staatlich anerkannter Luftkurort. Der kleine aber feine Kurpark bietet 37 unterschiedliche Baum- und Straucharten, vom Ahorn bis zur Zeder. Als Besonderheiten zu nennen sind ein urwüchsiger Mammutbaum, ein Ginkgo und ein seltener Eisenbaum. Eine Infotafel zeigt ihre genauen Standorte. Sieben weitere Infotafeln mit Drehelementen informieren über Insekten. Natürlich sind auch die Blumenbeete insektenfreundlich bepflanzt. Neben vielen Rastmöglichkeiten gibt es auch einen Balancierpfad.

8. Bärenstein

Der langgestreckte Bergrücken des 310 Meter hohen Bärensteines gehört zum Sandsteinzug des Teutoburger Waldes. Im Untergrund setzen sich die im Tal der Wiembecke freigelegten Felsformationen der Externsteine fort. Der harte Osningsandstein wurde früher in einem großen, vom Wanderweg aus nicht sichtbaren Steinbruch abgebaut.

Die Buchenwälder des Bärensteines wurden vom Mittelalter bis in das 19. Jahrhundert durch Vieh beweidet. Diese Hudewälder bestanden aus in großen Abständen stehenden, mächtigen Einzelbäumen. Die heutige Vegetation wird geprägt von Eichen, Eschen und Wacholder und in der Krautschicht von Farnen und Heidelbeeren. In größeren Baumhöhlen lebt hier auch eine extrem seltene Käferart, der Eremit. Am Südwesthang wurde der ehemalige Hudewald-Charakterauf einer kleinen Fläche wieder hergestellt. Inselartige Reste ehemals großflächiger Bergheiden gibt es zudem auf dem Bergkamm.

Hiddesen – Hermannsdenkmal – Waldeinsamkeit am Dreiflussstein

Matthias Füller, Helmut Huneke

Für das Hermannsdenkmal wurde eine beeindruckende Landschaft im Herzen des Teutoburger Waldes gewählt. Die durchaus anstrengende Wanderung umrundet das Denkmal auf besonderen Wegen, insbesondere im Tal des Heidenbaches und auf dem Kamm des Bielsteins.

Start: Detmold-Hiddesen, Parkplatz Heidental und Grillplatz Mufflonkamp
Start-/Zielkoordinaten:

- DG: 51.919214; 8.83388
- UTM: 32U 488575.258; 5752066.062
- w3w: ///ungestüm.befreien.gespannt

Länge: 11,5 km
Höchster Punkt: 393 m üNN
Niedrigster Punkt: 205 m üNN
Gesamtaufstieg: 290 Meter
Wegbeschaffenheit:

- Naturnahe Wege: 1,1 km (10 %)
- Befestigte Wege: 9,4 km (81 %)
- Asphalt/Pflaster: 1,0 km (9 %)

Markierung: Der Weg ist mit den Zeichen des Hermannsweges (H) und des Residenzweges (R) gekennzeichnet.
Parken: Parkplatz Heidental/Mufflonkamp (die Zufahrt liegt in einer Serpentinenkurve)
ÖPNV: Stadtbus Detmold Linie 703 und 704, Buslinie 792 (Touristikbus), Haltestelle Dt-Hiddesen Freibad oder Dt-Hiddesen Maiweg (je etwa 450 Meter vom Start entfernt)
Einkehrmöglichkeit:

- Gastronomie am Hermann „Bandels Höhe“, Grotenburg 50, 32760 Detmold (05231/ 5 65 45 06).

Abkürzung: Wenn man nur zum Hermann und zurück möchte, wählt man die Hermann-Heidental-Route (5,2 km A 2) über den Kaiser-Wilhelm-Weg.

Abkürzen lässt sich der Weg auch, indem man kurz nach dem Sender (siehe Karte) links abbiegt. Der Weg führt dann allerdings nicht über den Dreiflussstein und das Denkmal.

Blick vom Hermannsdenkmal

1. Etappe: Hiddesen – Dreiflussstein (5,1 km)

Wir starten im Detmolder Ortsteil Hiddesen, ehemals ein Luftkurort, der an den Ortseingängen mit „Hier ist der Hermann Zuhause" wirbt. Fast direkt am Weg befindet sich das **Haus des Gastes** (1). Vom Parkplatz Heidental am **Mufflonkamp** (2) folgen wir dem Hermannsweg in Richtung Donoper Teich in den ehemaligen Kurpark. Der Park mit schönen Waldbildern und über 100-jährigen Eichen trägt auch den Namen Hülsenwald, wegen der zahlreichen Ilexbäume (Stechpalmen oder Hülsenbäume). In dem strukturreichen Wald können mit etwas Glück zur passenden Jahreszeit 4 Spechtarten (Mittel-, Schwarz-, Grün- und Buntspecht) beobachtet werden.

Durch das parkartige Gelände windet sich der Heidenbach, der etwa 2 Kilometer oberhalb im Taleinschnitt zwischen Grotenburg und Bielstein entspringt. Die Namen Heidenbach und Heidental weisen auf ehemalige ausgedehnte Heideflächen hin, die sich auf den sandig-kiesigen Ablagerungen im Tal durch jahrhundertelange Beweidung entwickelt hatten. An den Unterhängen wuchsen in lichten Hudewäldern Eichen und Birken. Ein von einer Quelle gespeistes Kneipptretbecken liegt am Weg.

1. Haus des Gastes

Das heutige Haus des Gastes war ursprünglich ein Hotel mit Gastwirtschaft, welches 1876 von der Familie Schuckenböhmer erbaut und fast 100 Jahre betrieben wurde. Die Wasserversorgung für den Betrieb stellte die Quelle am Mufflonkamp sicher. Als der Tourismus nachließ, verkaufte es der Besitzer 1975 an die Stadt Detmold. Seit 1982 beherbergt das Gebäude das Haus des Gastes und wird vom Heimatverein Hiddesen betrieben.

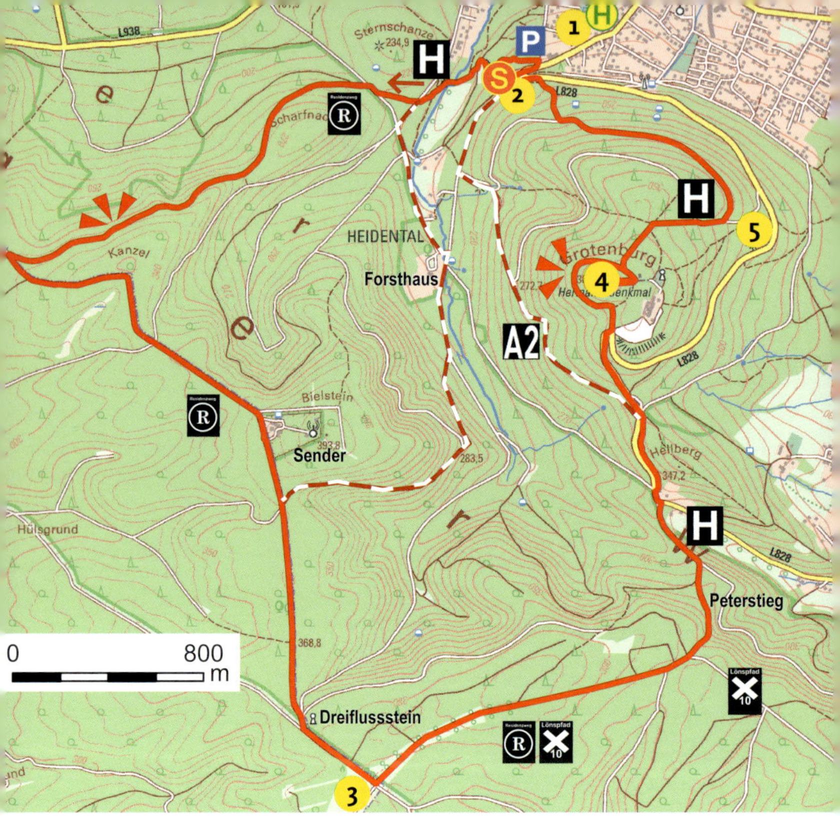

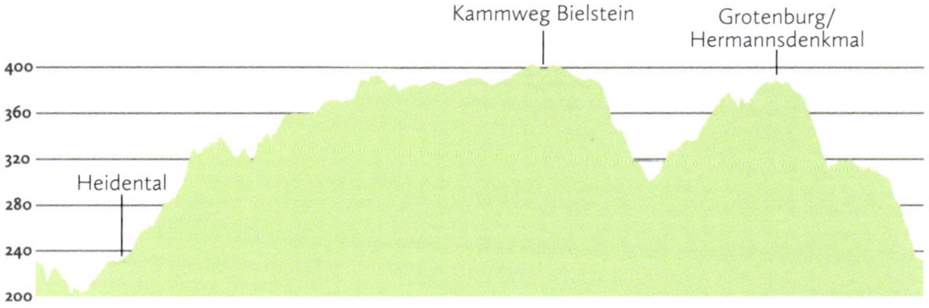

Etwa 250 Meter nachdem wir die Heidentalstraße überquert haben, wenden wir uns im Sattel zwischen Scharfnacken und Sternschanze nach links. Auffällig ist der Vegetationsunterschied: Im Heidental standortgerechter Eichen-Buchenwald, dann plötzlich Kiefern und Fichten. Der Kanzelweg führt auf den Kanzelberg hinauf, der tatsächlich an eine Kanzel, also einen hervorstehenden Aussichtspunkt, erinnert. Unterhalb des Weges liegen sandige eiszeitliche Ablagerungen, die ehemals von Fichten bedeckt waren. Über die freigestellten Flächen kann man nach Westen auf den Allhornberg schauen und nach Nordwesten über das Längstal mit Hiddeser Bent/ Donoper Teich hinweg auf den Kahlen Ehberg. Auch hier gab es eine ehemalige Sandheide, die heute von Fichten- und Kieferkulturen bedeckt ist. Hinter dem Ehberg liegt der von

2. Mufflonkamp mit Eisstein

In dem ehemaligen Steinbruch wurden zunächst Wildschafe, sogenanntes „Muffelwild" gehalten, daher die Namensgebung. In den 30er-Jahren des vergangenen Jahrhunderts fanden dort Schützenfeste statt bis er in den 1970er Jahren vom Heimatverein Hiddesen zum Grillplatz ausgebaut worden ist.
Die Quelle am „Mufflonkamp" speist heute das Wasserspiel am „Eisstein". Dieser etwa 18 Tonnen schwere eiszeitliche Granitfindling gelangte vor etwa 20.000 Jahren im Geschiebe nach Detmold, als zwei Gletscher von Nordosten und Westen kommend bis zum Teutoburger Wald vordrangen. Entdeckt wurde er 2011 beim Bau einer Fernwärmeleitung. 2015 wurde er als Zeugnis der Eiszeit an seinem heutigen Standort aufgestellt.

Laubbäumen bedeckte Zedling, der schon zum Muschelkalkzug des Teutoburger Waldes gehört.

Mit ansteigendem Gelände verlassen wir die Sandabdeckung. Zu Tage treten einzelne Platten zerfallender Kalksteine, die besonders gut an der hangseitigen Böschung zu sehen sind.

Auf dem Kamm des aus Gesteinen der Oberen Kreide gebildeten Bergrückens angekommen, treffen wir auf den Lönspfad (X 10), einem Wanderfernweg von Oerlinghausen bis nach Leopoldstal (Ortsteil von Horn-Bad Meinberg). Wir folgen dem Kammweg nach links, weiterhin mit dem R gezeichnet, in Richtung Bielsteinsender. Der Name Bielstein bezieht sich auf die steil nach Osten zum Heidental abfallenden Hänge, die so aussehen, als wären sie mit einem Beil bearbeitet worden.

Residenzweg R

Residenzweg

Der Sender Bielstein des WDR wird heute vollautomatisch betrieben und die für den Sendebetrieb errichteten Gebäude nicht mehr genutzt.

Unsere Wanderstrecke führt hier scheinbar endlos geradeaus. Genießen kann man die natürliche Stille (wenn nicht doch einmal Lärm vom unmittelbar angrenzenden Truppenübungsplatz herüberschallt). Am Wegesrand wächst die Großblättrige Wucherblume. Diese ursprünglich in Südosteuropa und dem Kaukasus vorkommende Pflanze ist vermutlich über illegal „entsorgte" Gartenabfälle am Wanderparkplatz an der Mordkuhle in das Gebiet eingewandert. Seit Jahren breitet sie sich entlang

Der Eisstein auf dem Mufflonkamp in Hiddesen

Dreiflussstein

der Raine des Kammweges aus und besiedelt nun auch angrenzende Wegränder im Teutoburger Wald.
Vom Kammweg verlaufen Wege recht steil bergab ins Heidental, auch der oben als mögliche Abkürzung erwähnte Weg kurz nach dem Sender. Wir wandern aber weiter über den Kamm zum Dreiflusstein.

2. Etappe: Dreiflussstein – Hermannsdenkmal (4,2 km)

Der Dreiflussstein wurde 2009 aufgestellt, um darauf aufmerksam zu machen, dass hier die Einzugsge-

3. Forsthaus Hartröhren

Vom Wanderweg aus ist vom ehemaligen Forsthaus nichts zu sehen. Die Ruinen befinden sich auf dem Gelände des Truppenübungsplatzes. „Hartrören" wird 1590 als Weideplatz erwähnt. Die gerodeten Flächen wurden später zum Anbau von Hafer als Futter für die Senner Pferde genutzt. Nach dem Dreißigjährigen Krieg wurde die Landwirtschaft aufgegeben. Die Jagd wurde für das Fürstenhaus wichtiger und ein herrschaftliches Jagdhaus errichtet. Es soll dort auch einen Vogelherd, einen Fangplatz für Vögel gegeben haben. Der Vogelfang war bis ins 19. Jahrhundert eine beliebte Freizeitbeschäftigung oberer Gesellschaftsschichten. Je nach Saison und Vogelart kamen in der Regel unterschiedliche Vogelfallen zum Einsatz. In Käfigen wurden zum Beispiel Ortolane (eine Ammernart) gefangen, gemästet und schließlich verzehrt.
Die lippischen Grafen veranstalteten große Jagden mit adligen Gästen. Ende des 18. Jahrhunderts war allerdings die Glanzzeit der großen Jagden vorbei und das Jagdhaus verfiel. 1791 wurde an gleicher Stelle das Forsthaus gebaut.
In der ersten Hälfte des 19. Jahrhunderts zu einer Gaststätte umgewandelt, etablierte es sich schnell zu einem beliebten Ausflugsziel. Dem lippischen Fürstenhaus gefiel das nicht unbedingt. Die vielen „Wald- und Forstbummler" störten die Jagd. Die Gastwirtschaft musste 1880 ihren Betrieb einstellen, 1895 wurde sie aber wieder eröffnet. Bis 1945, als das Forsthaus in Flammen aufging, war das dortige Gasthaus ein besonderer Anziehungspunkt, den man von Hiddesen zu Fuß erreichen konnte.
Der Name Hartröhren hat nichts mit röhrenden Hirschen zu tun. Das Wort „Hart" bedeutete um 1600 Wald. Und „Rören" kommt vermutlich von Roden. Daraus kann der Name „Hartrören" abgeleitet werden.

Auf der Hochfläche bei Hartröhren ist der Fichtenwald komplett abgestorben und entnommen worden

Blick zum Hermannsdenkmal vom Klöppingsberg

biete von drei Flüssen (Weser, Ems und Rhein) aneinander grenzen.

So gelangt das Wasser des nordöstlich des Steines entspringenden Heidenbaches über die Werre in die Weser. Die Bäche der südwestlichen Senne fließen in die Ems, während die Bäche aus der Kammersenne und den östlich liegenden Bereichen über die Lippe in den Rhein entwässern.
Das auf Karten noch eingezeichnete Naturdenkmal Friedenseiche existiert nicht mehr. Etwa nach 300 Metern zweigt unsere Strecke (X 10) nach links ab. Rechts des Weges gilt es genau hinzuschauen: Am Rand einer Wiese wachsen besonders geformte Hainbuchen, Teile einer ehemaligen Hecke. Den Wegrand markieren alte Ahorne und andere ehemals freistehende Laubbäume. Das deutlich von den umgebenden Wäldern abweichende Bild weist auf den Siedlungsplatz des **Forsthauses Hartröhren** (3) hin. In Richtung Osten folgen wir der Kastanienallee, die einst zum Forsthaus

Waldbühne am Hermannsdenkmal

führte. Durch Nachpflanzungen und den Schutz vor Verbiss versucht man, die historische Allee wieder herzustellen. Ob dies trotz Pilzen, Dürren und auch der Miniermotte gelingt, ist nicht sicher.

Wir durchqueren eine Hochfläche, die von nacheiszeitlich verlagerten Flugsanden aus der Senne bedeckt wird. Wie überall im Teutoburger Wald wurde hier nach 1900 mit Fichten aufgeforstet. Nach der Entnahme der durch den Borkenkäfer vernichteten Fichtenkulturen ergibt sich aktuell wieder ein Landschaftscharakter wie vor 150 Jahren. Die Vegetation besteht aus Fichten- und Kiefernjungwuchs, sowie Landreitgras und Binsen. Früher dürften hier Blaubeere und Besenheide vorgekommen sein, dazu Reste von Eichen-Buchenwald mit Adlerfarn. Aus den einsamen Wäldern im Osten hört man regelmäßig die Rufe des Kolkraben.

Die Blüten der Großblättrigen Wucherblume werden vom Schwarzfleckigen Zangenbock besucht

Auch nach dem Abzweig des X 10 in Richtung Schlangen/Kreuzkrug folgen wir weiter dem Residenzweg und stoßen auf einen Hohlweg. Dieser sogenannte Peterstieg führt steil bergab zur Straße, die von Heiligenkirchen zum Hermannsdenkmal hinauf führt. Im Hohlwegboden sind die Kalksteine der Oberkreide deutlich sichtbar. Durch Wind umgewor-

Blick vom freigestellten Hang der Grotenburg

Hermannsdenkmal Luftaufnahme, Stadtarchiv Detmold

4. Hermannsdenkmal – ein Landschaftsdenkmal

Der Standort wurde gewählt, weil das Denkmal von weithin sichtbar sein sollte. Außerdem war die geologische Situation günstig. Der Untergrund besteht aus nahezu reinem Quarzsandstein mit einer Mächtigkeit von 30-40 Metern. An den Bergflanken liegt der Flammenmergel (Untere Kreide), ein extrem harter und damit gegen Verwitterung widerstandsfähiger Sandstein. Der im Sommer schnell austrocknende Boden erlaubt nur einen lichten Eichen-Buchenwald und ermöglicht damit einen freien Blick nach Westen.

Von der Aussichtsplattform des Denkmals schaut man nach Nordwesten auf den schmalen Hauptkamm des Teutoburger Waldes mit dem Bielsteinsender, den wir auf dem Hinweg passiert haben. Im Norden und Osten geht der Blick in das nordlippische Bergland und das Weserbergland.

Auf der Grotenburg (einige Meter südlich von der Bandelwiese) befindet sich ein ehemaliger Steinbruch, aus dem Steine für das Denkmal gewonnen wurden. Über die Geschichte des Denkmals und die „Schlacht im Teutoburger Wald" informiert das Lippische Landesmuseum im Zentrum von Detmold.

Leseempfehlung

Zelle, Michael: Das Hermannsdenkmal, Reihe Lippische Kulturlandschaften, 2014 (Lippischer Heimatbund)

fene Bäume links des Weges zeigen mit ihren von Steinen durchsetzten Wurzeltellern, wie flachgründig die Böden hier sind. Da keine Flugsande über den Kreidekalken liegen, wächst hier ein artenreicher Kalk-Buchen-Mischwald mit markanten Altbäumen am Wegesrand. Wir erreichen dann den Hermannsweg, der einen Pfad parallel zur Straße nutzt. Der Weg führt mit schönen Aussichten in Richtung Westen zunächst hinauf zur Waldbühne und dann um das **Hermannsdenkmal** (4) herum. Hier könnte man die Route abkürzen, würde allerdings beeindruckende Aussichten verpassen.

Das Gelände des Hermannsdenkmals erreichen wir an der Bandelwiese mit dem Bismarck-Gedenkstein. Ernst von Bandel war der Initiator und die treibende Kraft hinter dem Bau des Hermannsdenkmals. Die Hütte, in der er in den letzten Jahren der Bauarbeiten wohnte, ist leider 2021 abgebrannt. Zur Zeit wird überlegt, wie man hier an Bandel erinnern kann.

Auf dem Areal des Denkmals befinden sich u. a. die für Konzerte und Filmvorführungen genutzte Waldbühne, ein Restaurant, die Touristinformation, das Kompetenzzentrum Wandern (WALK) und das neu eröffnete ohne Eintritt zu-

Historisches Bild der Kastanienallee

gängliche Informationszentrum „Hermannneum". Zur Zeit wird auch das gesamte Areal vom Parkplatz bis zur Bismarckwiese und zum **Großen Hünenring** (5) neu gestaltet

3. Etappe: Hermannsdenkmal – Hiddesen (2,2 km)

Ausgehend vom „Hermanneuum" nutzen wird für den Rückweg wieder den Hermannsweg/A 2 in Richtung Hiddesen/Oerlinghausen. Der teilweise recht steil bergab führende Weg bietet schöne Ausblicke auf Detmold. Auf halbem Weg können wir einen Blick auf den Kleinen Hünenring werfen. Diesen erreichen wir, indem wir am Zielwegweiser Hünenring dem X 3/E 1 100 Meter nach links folgen. Zurück am Zielwegweiser folgen wir dann wieder dem A 2/Hermannsweg, zunächst nach links (!!) bergauf, dann weigehend flach durch jungen Wald, am Schluss über eine Treppe, zum Mufflonkamp mit dem Eisstein.

5. Grotenburg mit Kleinem und Großem Hünenring

Grotenburg ist der Name des Bergs (386 m üNN), auf dem sich das Denkmal befindet und gleichzeitig die Bezeichnung einer weitläufigen Befestigungsanlage auf der Bergkuppe aus der vorrömischen Eisenzeit. Der 11 Hektar umfassende „Große Hünenring" wurde durch vier Meter breite Trockenmauern und Palisaden gesichert. Von der Anlage ist kaum etwas erhalten. In der Nähe der Bandelwiese ist aber ein kleiner Teil der Palisaden rekonstruiert worden.
Beim „Kleinen Hünenring" handelt es sich eine mittelalterliche Wallanlage, die bei Gefahren Schutz bot. Sie misst etwa 90 mal 110 Meter. Die Anlage war von einem Graben und Wällen aus Stein und Erde umgeben, die mit einer Holzkonstruktion stabilisiert wurden.

Auf Pilgerpfaden rund um Stapelage

Wolfgang Thevis

In Lippe gibt es ein Netz von Pilgerwegen, das auf eine Initiative der Lippischen Landeskirche zurückgeht. Seit 2021 ist die Stapelager Kirche deshalb wieder Pilgerkirche. Schon einmal, nämlich im Jahr 1321, war sie Wallfahrtskirche. Heute berühren zwei neue Pilgerwege die Stapelager Kirche. Dies ist zum einen die Westroute des Lippischen Pilgerweges, die Berlebeck mit der Zionskirche in Bielefeld-Bethel verbindet. Zum anderen startet und endet der Pilgerweg „Rund um die Hunekenkammer" an der Kirche Stapelage. Die Wanderung „Auf Pilgerpfaden rund um Stapelage" verbindet beide Wege miteinander und bietet darüber hinaus noch spannende Ausblicke in die Senne und Informationen zur Geschichte von Stapelage.

Start: Ehemalige Waldgaststätte Bienenschmidt, Kalkreute 100, 32791 Lage-Stapelage, (Zufahrt ab Kirche Stapelage)
Start-/Zielkoordinaten:

- DG: 51.941718; 8.724969
- UTM: 32U 481094.479; 5754591.683
- w3w: ///sorte.bürsten.beil

Länge: 11,0 km
Höchster Punkt: 300 m üNN
Niedrigster Punkt: 180 m üNN
Gesamtaufstieg: 170 m
Wegbeschaffenheit:

- Naturnahe Wege: 4,0 km (41 %)
- Befestigte Wege: 6,0 km (48 %)
- Asphalt/Pflaster: 1,0 km (11 %)

Markierung: Ein kurzes Stück auf dem Stapelager Weg ist nicht gekennzeichnet. Die Wegzeichen ergeben sich aus der Karte.
Parken: Waldgaststätte Bienenschmidt, Kalkreute 100, 32791 Lage-Stapelage
ÖPNV: Buslinie 951 (ab Bahnhof Lage im Stundentakt): Haltestelle: Lage-Stapelage, Haus Stapelage (von dort aus etwa 700 m zu Fuß); LIMO (von Karfreitag bis zum 01. November samstags 08:00 bis 18:00 Uhr sowie sonn- und feiertags 09:00 bis 17:00 Uhr: Spätestens 30 Min. vor Fahrtwunsch unter Tel.: 05261/ 6 67 39 50 anmelden oder aber direkt über eine App (z. B. Lippemobil App oder OWL-mobil App) buchen!
Einkehrmöglichkeiten:

- Waldgaststätte Bienenschmidt, Kalkreute 100, 32791 Lage, 05232-990202; www.bienenschmidt.de

Blick vom Lönspfad auf die Senne

1. Etappe: Bienenschmidt – Wanderhütte am Sennerand (3,7 km)

Zunächst folgen wir in Richtung Oerlinghausen vier markierten Wanderwegen, dem Hermannsweg, dem lippischen Pilgerweg dem Rundweg um die Hunekenkammer und dem „Holzweg“ (siehe Zeichen am Rand). Nachdem wir die erste kleine Steigung überwunden haben, gelangen wir an eine Wegkreuzung. Von rechts treffen wir auf den Marienfelder Weg, einem alten Fernweg, den im Mittelalter die Mönche des Klosters Werden zu Essen nutzten, um nach Helmstedt zu gelangen. Stapelage war in dieser Zeit ihr Quartiergasthof. Links biegt der Panoramaweg ab, ein Höhenweg, der schöne Ausblicke auf Hörste bietet und sich für eine Abkürzung oder eine weitere Wandertour anbietet. Nach schräg links biegt der Sennerandweg ab, der Stapelage mit Augustdorf verbindet. Auf diesen Weg treffen wir später wieder.

Pilgern rund um die Hunekenkammer

Holzweg

Wir aber folgen unseren vier markierten Wanderwegen bis zur nächsten Wegkreuzung. Kurz hinter dieser befindet sich auf der rechten Seite eine „Wegsperre“. Aus den Begründungen für die Eintragung als Bodendenkmal aus den Jahren 1990 und 1991 ergibt sich, dass sie aus dem Mittelalter oder der frühen Neuzeit stammen könnte. Wissenschaftliche Grabungen erfolgten bisher jedoch nicht. Offen bleibt deshalb die Frage, gegen wen diese Sperranlage errichtet wurde.

Tipp: Wer sich über die Wegsperren in Stapelage ausführlicher informieren möchte, kann in der Tourist-Information Lage-Hörste kostenlos einen Flyer bekommen. Dieser steht auch zum Download auf der Stadtseite www.lage.de zur Verfügung.

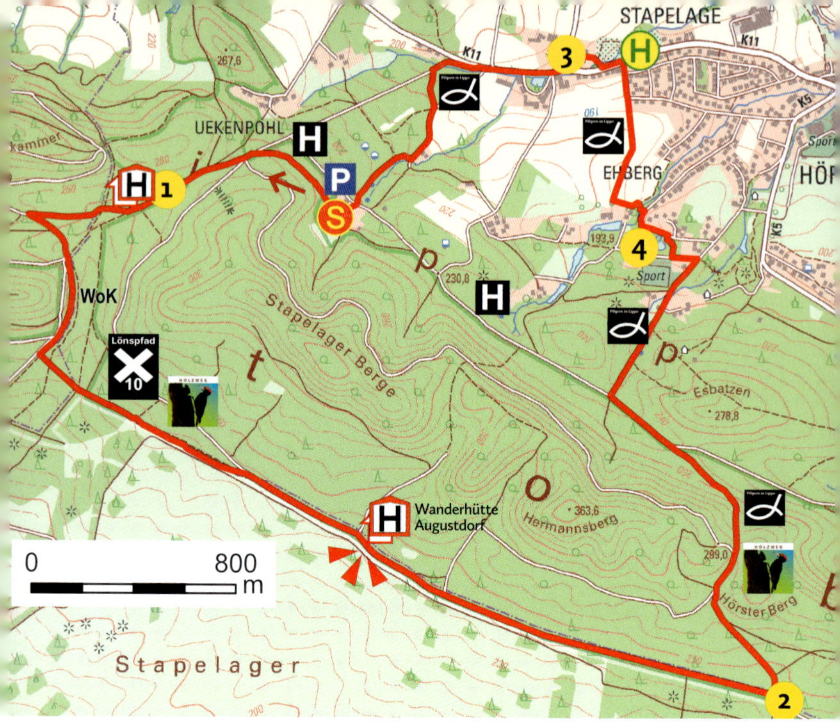

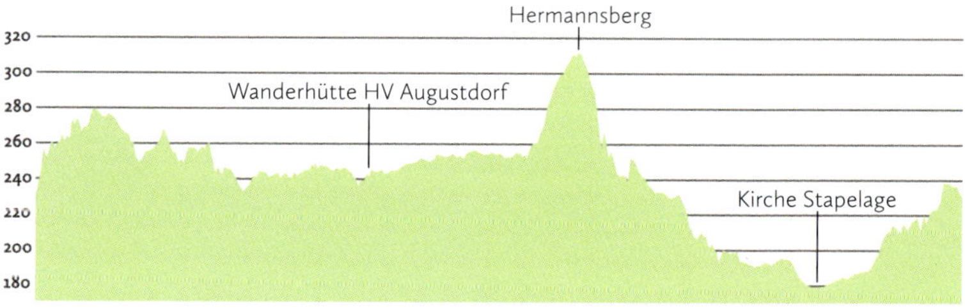

Nun geht es leicht bergab durch die *Stapelager Schlucht* (1). Durch die Schlucht führte früher ein aus der Senne kommender Fernweg über den Teutoburger Wald nach Bad Salzuflen-Schötmar. Hinter der Schutzhütte verlässt uns der Holzweg in gerader Richtung, während wir bis zum Abzweig auf der linken Seite auf den jetzt drei Hauptwegen bleiben. Hier verlassen wir die Hauptwege und biegen scharf links in den nicht mit einem Wanderzeichen versehenen Stapelager Weg ein. Diesem folgen wir zunächst bis zur nächsten Gabelung. Links und rechts treffen wir nun wieder auf den Holzweg. Wir folgen aber dem breiten Stapelager Weg und halten uns weiter geradeaus bis zur nächsten Kreuzung. Rund 100 Meter vor der ersten großen Kreuzung kommen uns der Augustdorfer Rundweg, der Holzweg und der Lönsweg (X 10) entgegen, die verlegt werden mussten, weil die Bundeswehr einen Zaun rund um den Truppenübungsplatz Stapel errichtet hat. Wir sehen nun auf der linken Seite das

Augustdorfer Rundweg

Blick auf den Truppenübungsplatz Stapel

Ende des neuen Zaunes und biegen links in einen Pfad ein. Nachdem wir den Reitweg überquert haben, folgen wir nun den drei Wegezeichen. Der Weg, auch als Sennerandweg bezeichnet, verläuft jetzt größtenteils entlang des Zauns um den Truppenübungsplatz Stapel. Wir erreichen dann eine vom Heimatverein Augustdorf gepflegte Schutzhütte mit einem schönen Blick über große baumlose Sandflächen der Senne.

2. Etappe: Wanderhütte am Sennerand – Tretbecken in Hörste (4,3 km)

Auf dem Sennerandweg geht es weiter in Richtung Augustdorf bis zum Abzweig *„Gingweg"* (2). Der Gingweg ist ein alter Kirchweg, den die Kirchgänger aus Augustdorf nutzen, wenn Sie zur Kirche in Stapelage wollten. Aus Augustdorf kommend, treffen wir an diesem Abzweig auf die Westroute des Lippischen Pilgerweges, dem wir bis zur **Kirche Stapelage** (3) folgen. Anfangs begleitet uns auch der Holzweg über den Hermannsberg hinweg. Der Aufstieg zum Hermannsberg (363 m üNN) ist nicht ganz leicht. Auf einer rund 80 ha großen Waldzelle wird keine Forstwirtschaft mehr betrieben, so dass sich der Wald ohne menschliche Einflüsse entwickeln kann. Hier ist ein guter Ort, an dem Sie inne halten und die alten Buchen bestaunen können.

Kirche Stapelage

Die Kirche Stapelage ist das eindrucksvollste Bauwerk Stapelages. Ihre Gründung geht in die karolingische Zeit zurück. Spätestens, als die Karolinger den sächsischen Hof in eine karolingische curtis (Gutshof) verwandelten, baute man eine dem Apostel Petrus geweihte kleine Kirche.

Ausgrabungen und Bauforschungen haben sechs Bauperioden ergeben: Zuerst einen kleinen Saalbau um 800, dann später einen turmartigen Vorbau im Westen mit einem christlichen Doppelgrab. Der Westturm wurde abgerissen und die Saalkirche bis über das Doppelgrab erweitert. Dabei entstand ein Westwerk mit Vorhalle und Herrschaftsempore. Um 1100 wurde anstelle des Westwerkes ein romanischer Turm errichtet, dessen Erdgeschoss eine Taufkapelle erhielt. Um 1321 erfolgte der Umbau der romanischen in eine gotische Kirche mit Spitzbögen auf Wandpfeilern. Sie war der Jungfrau Maria, dem Apostel Petrus und dem Heiligen Urbanus geweiht. Der Turm blieb unverändert romanisch, auch dann, als man bei dem barocken Umbau im Jahre 1761 die Gewölbe aus der Kirche entfernte und das Kirchenschiff nach Süden verbreiterte.

Heute zeigt sich die Kirche mit einem barocken, nach Art einer reformierten Predigtkirche, eingerichteten Kirchenschiff und einem romanischen Turm, dessen Süd- und Westwand um 1100 auf der karolingischen Kirche errichtet wurde. Das Taufbecken in der Kirche wurde im 12. Jahrhundert aus Sandstein geschaffen und zählt zu den ältesten Taufbecken Ostwestfalens. Erstaunlich ist auch das Alter der Linde am Turm, die über 650 Jahre zählt.

Bereits im Jahr 1321 wurde eine Wallfahrt nach Stapelage ausgelobt. Dies können wir einem Ablassbrief entnehmen, der damals in Avignon von zwölf Bischöfen, welche sich am päpstlichen Hof aufhielten, aufgesetzt wurde. Wer den Ort Stapelage aufsuchte und dort für den Kirchenneubau spendete, sollte einen Ablass von 40 Tagen von der zeitlichen Sündenstrafe erhalten. Die Kirche ist verlässlich zwischen April und Oktober täglich von 10:00 – 18:00 Uhr geöffnet.

Tipp: Mit der App des Naturschutzgroßprojektes Senne und Teutoburger Wald werden Sie entlang des Holzweges auf einem interaktiven Baumartenpfad geführt. Sie können dabei umfangreiche Informationen über die Baumarten des Hermannsberges auf ihr Smartphone laden.

Auf der Höhe des Hermannsberges kommt von links der Panoramaweg, den wir schon zu Beginn der Wanderung kennengelernt haben. Nachdem wir uns vom Anstieg ein wenig erholt haben, geht es nun bergab und wir treffen auf den Hermannsweg sowie den Familienweg, dem wir nach links in Richtung Hörste folgen.

Familienwanderweg

Seit der kommunalen Gebietsreform im Jahre 1970 gehört der Ortsteil Hörste zur Stadt Lage. Jahrhundertelang war Hörste eine Bauerschaft und selbstständige politische Gemeinde. Die Schreibweise von Hörste lautete zunächst „Hursten" (1188), später „Horsten" (1262) und bedeutete anfangs so viel wie Gebüsch, Niederholz, später niederes Gestrüpp. Der Name lässt sich durch die damalige Landschaft erklären. Seit dem Jahr 1973 ist Hörste staatlich anerkannter Luftkurort.

Am nächsten Abzweig verlassen wir die beiden Wege und halten uns rechts in Richtung Hörste. Vorher werfen wir auf der linken Seite noch einen Blick auf die Lesestation 11 des „Literarischen Wanderweges". Mit dem Literarischen Wanderweg lässt der Luftkurort Lage-Hörste Wanderer und Spaziergänger ein Teilstück des Hermannsweges einmal auf eine andere Art und Weise erleben: 20 litera-

Gedichtstation 11

rische Stationen laden zum Verweilen ein und vermitteln lyrische Gedanken zu unterschiedlichen Themen. Die Texte werden alle zwei Jahre von den Mitgliedern der lippischen Autorengruppen „LipPen“ und „Garten der Poesie“ verfasst und ausgetauscht. Inzwischen sind so über 100 Gedichte entstanden. Ein Flyer, der in der Tourist-Information Lage-Hörste kostenlos erhältlich ist, enthält eine Karte zu den Lesestationen.

In der Hängematte auf der rechten Seite können Sie einer Geschichte über das Künstler- und Dichterdorf Hörste lauschen, die von Anna und Hermann erzählt werden. Entlang der Hermannshöhen gibt es insgesamt 25 Hörstationen, bei denen der heimische Opa Hermann seiner Enkelin Anna spannende Geschichten über die Region erzählt.

Auf den Spuren der Wildkatze

Wir treffen hier nicht nur auf Gedichte, sondern auch auf künstlerisch gestaltete Wildkatzen. Der Skulpturenpfad „Auf den Spuren der Wildkatze“ wurde im Jahr 2008 eröffnet. Die Wildkatzen-Skulpturen, die auf einem Rundweg von vier km Länge, beginnend am Haus des Gastes, erwandert werden können, wurden von 13 Kulturschaffenden auf Initiative des Naturparks Teutoburger Wald angelegt. Das Projekt „Auf den Spuren der Wildkatze“ ist angesiedelt an der Schnittstelle zwischen bildender Kunst und Naturerlebnis.

Tipp: Seit 2019 gibt es zusätzlich einen neu angelegten GPS-Pfad, der Ihnen Interessantes über das Leben der Wildkatze vermittelt.

Haus des Gastes

Hängematte

An der Lesestation 12 befindet sich auf der rechten Seite des Weges die „Pulderwelle“. Der Überlieferung nach kühlten an der Pulderwelle die einfachen Bauern, die von Hörste in früheren Zeiten nach Lopshorn zur Arbeit auf dem fürstlichen Gut mussten, ihre müden Glieder, wenn sie abends erschöpft nach Hörste zurück kamen. Heute hat die Pulderwelle nicht mehr so viel Wasser wie früher.

Nun geht es weiter bergab bis zur Straße „Am Freibad“, in die wir links einbiegen. Wie der Name schon besagt, führt diese Straße zu unserem beliebten Waldfreibad, das von einem ehrenamtlichen Verein betreut wird. Rechterhand verlassen uns der Literarische Wanderweg und Wildkatzenpfad durch den Waldkurpark.

Nach wenigen Metern biegen wir rechts in einen Pattweg ein und treffen auf den „Ikenkamp“, dem wir in linker Richtung folgen und zunächst das *Kneipptretbecken* (4) erreichen. Hier können wir unsere Beine und Arme abkühlen. Das Kneipptretbecken wird vom Heimat- und Verkehrsverein in der Zeit von Frühjahr bis Herbst betreut.

3. Etappe: Kneipptretbecken – Stapelage – Ausgangspunkt Bienenschmidt (3,0 km)

Wir folgen nun dem Ikenkamp weiter und verlassen diesen kurz hinter Kurve in linker Richtung, um entlang des Feldes nach Stapelage zu kommen. Von hier aus sehen wir schon unser nächstes Ziel die Kirche Stapelage. Stapelage war in früheren Zeiten ein bedeutender Ort mit einem Grafengericht, was der Ortsname belegt. Mit „Stapel“ bezeichnete man früher jene alten Grafengerichte, die an vielen Orten des Hellweges zu finden sind.

Bevor wir die Kirche Stapelage erreichen, passieren wir noch die „Bauernburg“. Von den nichtkirchlichen Bauten des alten Pfarrhofes steht heute nur noch die alte Bauernburg. Zum Schutz gegen raubende Scharen baute die Landbevölkerung im Mittelalter feste Häuser, sogenannte „Steinwerke“ oder „Wehrspeicher“. Im Gegensatz zu den damals üblichen Fachwerkbauten waren diese ganz aus Stein errichtet und somit feuerfest. Im Ernstfall schaffte man alle wertvollen Schätze: Schlachtungen, Eier, Butter, Korn, Brot, Kleidung, Leinen etc. dorthin und verteidigte sich hier. Solche Steinwerke hat es auf sächsischen Bauernhöfen schon im 9. Jahrhundert gegeben. Die Bauernburg Stapelage ist ein zweistöckiges, von dicken Mauern umschlossenes Gebäude. Mehrere Schießscharten (Öffnungen, die nach innen weit sind und nach außen einen schmalen Schlitz bilden) befinden sich im Mauerwerk.Gegenüber der Kirche Stapelage befinden sich das Gut Stapelage und der frühere Stapelager Dorfkrug (heute Stiftung Eben-Ezer). Die Gründung des Stapelager Dorfkrugs erfolgte im Jahre 1608. Graf Simon VI. verlieh dem Küster der Stapelager Kirche die Krugrechte, d. h. er durfte Bier brauen, Branntwein brennen und verkaufen. Für den Küster stellten diese Rechte eine wichtige Einnahmequelle dar. Da der Küster nun gleichzeitig Lehrer und Krüger war und das Küster- und Schulhaus gleichzeitig Gastwirtschaft wurde, nahmen einige Bürger des Ortes daran Anstoß. Um diese Zwistigkeiten beizulegen, baute man im Jahre 1781 eine Schulklasse gegenüber der Straße auf den Kirchhof. Ein anderer Kampf, nämlich der zwischen dem Hörster und dem Stapelager Krug um die Krugrechte, wurde endgültig erst im Jahre 1783 beigelegt. In diesem Jahr wurden dem Küster in Stapelage offiziell die Krugrechte zugesprochen.

Tipp: Wer sich mehr für die Geschichte von Stapelage interessiert, dem sei das Buch von Leopold Möller „Stapelage. Geschichte eines lippischen Kirchspiels zwischen Sachsenmission und Gegenwart“ (1988, Lippischer Heimatbund) empfohlen.

Wassertretbecken

Ausflugsgaststätte Bienenschmidt

Wir folgen nun der Währentruper Straße in Richtung Oerlinghausen bis zum Marienfelder Weg. Gemeinsam mit dem Familienwanderweg, dem Lippischen Pilgerweg und dem Pilgerweg „Rund um die Hunekenkammer" gelangen wir, wenn wir den Markierungen nach links folgen, zu unserem Startpunkt zurück.

Der Gutshof Stapelage

Nach bisherigen Erkenntnissen hat der Hof Stapelage schon in sächsischer Zeit bestanden. Er lag ursprünglich auf dem heutigen Pfarrhof. Als karolingisches Reichseigentum gelangte der Gutshof in den Besitz des im Jahre 797 gegründeten Reichsklosters Werden bei Essen. Später ging der Hof in den Besitz der Grafen von Schwalenberg über, die ihn 1185 dem Kloster Marienfeld schenkten. Nach der endgültigen Zerstörung im 30-jährigen-Krieg (1637) wurde der Hof an seine heutige Stelle umgesiedelt.

Der Gutshof zu Stapelage war für raubende und plündernde Scharen ein verlockendes Ziel, lag er doch unweit der großen Kurstraße durch den Teutoburger Wald, der Dörenschlucht und direkt am Eingang der Stapelager Schlucht. So wurde der Meierhof mit Kirche und Pfarrhof zu einer Verteidigungsanlage umgebaut. Ein Steinwerk (Bauernburg) befand sich links gegenüber vom Haupthaus des Gutshofes. Östlich vom Mühlenteich lag eine befestigte Mühle. Eine weitere Bauernburg ist bis heute noch erhalten geblieben und steht, wie schon erwähnt, auf dem Pfarrhof.

Eine neue Landschaft ist entstanden – Erlebniswandern in Oerlinghausen

Horst Biere, Klaus Biere

Ganz neue Erlebnisse bietet diese attraktive Wanderroute vor allem durch die weiten Blicke, die sich vom Teutoburger Wald ins Land eröffnen. Prägten früher allein die hübschen Waldwege auf reizvollen Naturrouten die Wanderungen rings um die Bergstadt, so sind es heute auch die Themen unserer Zeit, die den Besucher auf seiner Wanderung begleiten. Die Route passiert die neue „Klimaerlebniswelt", die über den Klimawandel informiert. Sie berührt auch das Naturschutzgroßprojekt, das dem Artenschutz dient und durch die Weiderinder und Pferde sehr bekannt worden ist. Dazu kommt das Archäologische Freilichtmuseum und außerdem der größte Segelflugplatz Europas.

Start: Parkplatz am Amtsgarten, Hauptstraße im Zentrum (gegenüber Café Kriemelmann)

Start-/Zielkoordinaten:

- DG: 51.959371; 8.662706
- UTM: 32U 476823.658; 5756573.082
- w3w: ///geöffnet.einfacher.gelände

Länge: 9,6 km

Höchster Punkt: 310 m üNN

Niedrigster Punkt: 200 m üNN

Gesamtaufstieg: 190 m

Wegbeschaffenheit:

- Naturnahe Wege: 4,5 km (47 %)
- Befestigte Wege: 3,6 km (38 %)
- Asphalt/Pflaster: 1,5 km (15 %)

Markierung: unterschiedliche Zeichen, siehe Karte

Parken: Parkplatz am Amtsgarten

ÖPNV: Buslinie 39, Haltestelle Oerlinghausen Bürgerhaus

Einkehrmöglichkeiten:

- Berggasthof Tönsblick, Kammweg 7, 33813 Oerlinghausen, (05202/ 25 08)
- Altstadtcafé Kriemelmann, Hauptstr. 22, 33813 Oerlinghausen, (05202/ 41 47)

Löns-Denkmal am Kammweg

Es hat einen besonderen Reiz, die Wanderung im Zentrum Oerlinghausens zu starten. Am Amtsgarten kann man nur am Samstagmittag und am Sonntag uneingeschränkt parken. Auf ihrer Webseite hat die Stadt Oerlinghausen eine Karte mit allen Parkplätzen für Wanderer veröffentlicht. Außerhalb des Zentrums bietet sich aber der Parkplatz Kalkofen am Freibad/ Klimaerlebniswelt an, den wir auf unserer Route passieren.

Oerlinghausen – traditionelles und modernes Wanderziel

Oerlinghausen am Hermannsweg ist schon seit Ende des 19. Jahrhunderts ein beliebter Ort für Sommerfrischler und Wanderer. Aus der lebendigen und trotzdem ruhigen Stadt kommt man sehr schnell in die Natur, in gleich zwei Landschaften, Teutoburger Wald und Senne. Das Bergstädtchen versprüht besonderen Charme. Über 26 Stiegen und Gassen sind die schönsten Punkte von Oerlinghausen zu erreichen. Nicht nur für Naturfreunde ist das Naturschutzgroßgebiet, das unsere Wanderung nur am Rande berührt (Sandgrube Hassler und im Bereich der Wistinghauser Straße), ein besonderes Erlebnis. Die ehemals eintönige Wistinghauser Senne hat ein neues Gesicht erhalten, eine historische Kulturlandschaft ist wieder erlebbar.

Oerlinghausen bietet sich für weitere Wanderungen an. Wanderer sind willkommen und die Stadt hat eine informative Wanderkarte und Broschüren über alle Wander- und Freizeitmöglichkeiten heraus gegeben. An vielen Stellen gibt es Rastmöglichkeiten. An Wochenenden können Brennpunkte wie der Kammweg schon einmal sehr belebt sein.

1. Etappe: Hauptstraße im Zentrum – Archäologisches Freilichtmuseum (3,2 km)

Recht sportlich startet die Tour in der **Oerlinghauser Innenstadt** – vom Parkplatz Amtsgarten hinauf zum Tönsberg. Wir steigen die Jugendstiege links vom Parkplatz empor zur

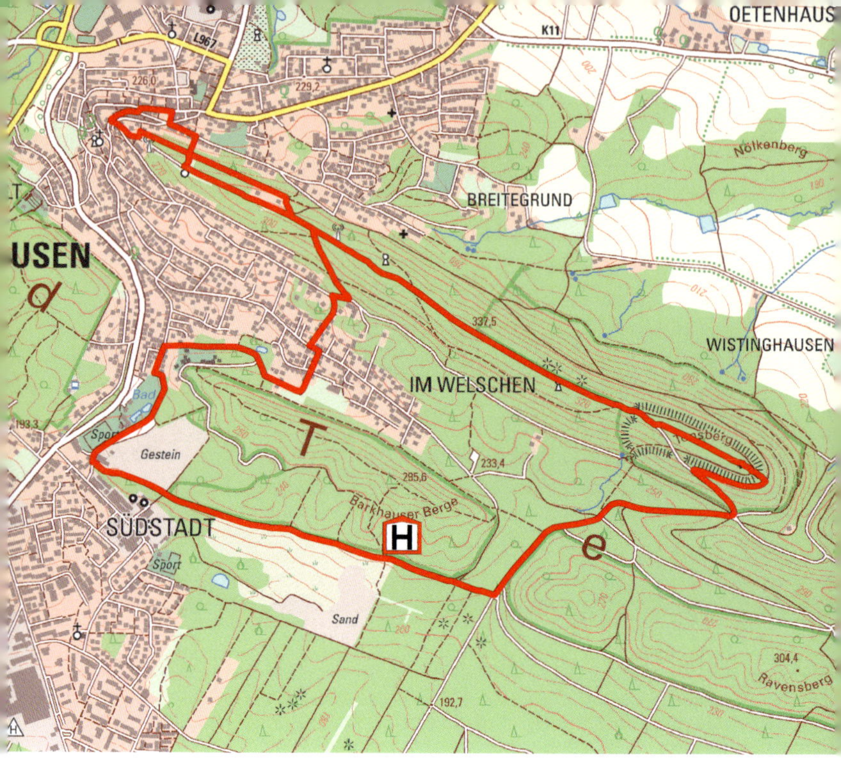

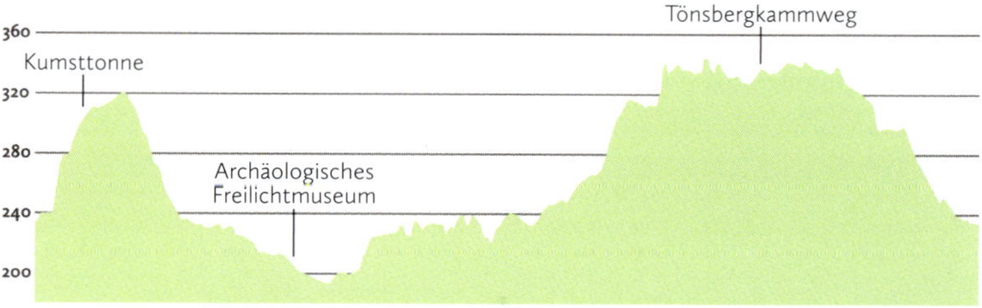

Hermannstraße, dort wenden wir uns links und erreichen die „Himmelsleiter". 234 Stufen sind es, bis wir vor dem Oerlinghauser Wahrzeichen, der **Kumsttonne (ein Windmühlenstumpf)** (1) stehen. Uns erwartet ein wunderschöner Ausblick über das westliche Lipperland mit Sicht bis Bad Salzuflen und zum Wiehengebirge.

Nun nehmen wir den Hermannsweg (H) Richtung Osten unter die Füße und passieren linkerhand den Berggasthof „Tönsblick". Auf dem Rückweg streift man übrigens den Gasthof erneut. Etwa 100 Meter weiter verlässt man den Kammweg nach rechts und folgt – den Berg hinunter – dem A 7 Richtung **Archäologisches Freilichtmuseum** (2). Hier ist auf einem Teilstück Trittsicherheit erforderlich. Das Freilichtmuseum erreichen wir auf dem sehr gut ausgeschilderten Weg durch Wohnstraßen (Am Lehmstich, Forstweg) und entlang einer neu angelegten Streuobstwiese. Im Eingangsgebäude kann man sich über das Museum informieren.

2. Etappe: Freilichtmuseum – Hünenkapelle (3,2 km)

Vom Eingangsbereich des Museums folgen wir dem A 7 und erreichen über den Triftweg den auffälligen Gebäudekomplex der **Klimaerlebniswelt** (3), die neue Attraktion der Bergstadt. Im Gebäude befindet sich auch ein Informationspunkt des Naturschutzgroßgebietes. Der A 7 passiert dann den großen Wanderparkplatz Kalkofen (mit Wandertafel) und verläuft entlang des Sportplatzes. Hinter dem Gelände einer Baufirma biegen wir links in den Wald ein. Schon bald erblicken wir auf der linken Seite einen riesigen ehemaligen **Kalksteinbruch** (4). Hier wurde über Jahrzehnte Kalk für die Bauindustrie abgebaut. Die „Wunde" in der Landschaft hat sich jedoch sehr positiv entwickelt. Der NABU hat das Gelände übernommen, und die Natur ist zurückgekehrt: Uhus nisten mittlerweile im Steinbruch. Wir wandern weiter auf dem A 7 an der Südseite des Barkhauser Bergs auf dem „Sonnenweg". Von einem spektakulären Aussichtspunkt (mit Wanderliegen) oberhalb der *Sandgrube Hassler* (5) blickt man auf die Senne und den **Segelflugplatz**. Wir befinden uns an der Grenze zwischen zwei Landschaften, den Kalkbuchenwäldern des Teutoburger Waldes und der Senne. Ein Großteil der Sandgrube ist eine der wertvollsten Naturschutzflächen in der Senne, im Ostteil wird der Sandabbau fortgesetzt. Auf der Bergseite liegen die sogenannten Fliegerkuppen.

Vom Aussichtspunkt über der Sandgrube Hassler bleiben wir auf gleicher Höhe, verlassen den A 7 und folgen der Wanderroute „Ochsenweg", eine Wanderhütte passierend, bis zur geschotterten Wistinghauser Straße. Die Wistinghauser Stra-

Kumsttonne

1. Windmühle war eine Fehlinvestition

Pleiten, Pech und Pannen haben sie ihr Leben lang begleitet, die Windmühle auf dem Tönsberg. Denn von vornherein erwies sich der um 1750 gebaute Mühlbetrieb als glatte Fehlinvestition. Für die vollbeladenen Fuhrwerke der Bauern war die Zufahrt auf den Tönsberg viel zu steil. Mehrere Pächter der Mühle, die im Volksmund Kumsttonne genannt wird (Kumst ist eine alte Bezeichnung für Sauerkraut), gingen Pleite. Als ein orkanartiger Sturm eines Nachts die Mühlenflügel aus ihrer Verankerung riss und sie gleich bis ins Tal beförderte, war endgültig Schluss. Auch eine Nutzung als Aussichtsturm in den 1930er Jahren erwies sich schnell als unwirtschaftlich, und das Gebäude verfiel immer mehr. Im Jahre 1982 schließlich „liftete" die Stadt Oerlinghausen das Antlitz der Kumsttonne. Seit der Restaurierung gilt sie als schönes und eindrucksvolles Wahrzeichen der Bergstadt.

Ochsentour

2. Archäologisches Freilichtmuseum

Mit originalgetreu gestalteten Bauwerken macht das Museum Siedlungsgeschichte, auch aus dem Raum Oerlinghausen, erlebbar. Vom Sommerlager eiszeitlicher Rentierjäger bis zur frühmittelalterlichen Hofanlage erhält man in sechs großen Baugruppen einen Eindruck vom prähistorischen Alltag. In den Versuchsgärten wird das Verhältnis der Menschen zur Umwelt ihrer Zeit erfahrbar. Zudem werden in speziellen Gehegen Rückzüchtungen mittelalterlicher Weideschweine gehalten. In der Saison erwartet die Besucher ein breit gefächertes Programm an Vorführungen und Aktionen. Das Museum wird ständig weiterentwickelt und ist bestrebt, den aktuellen Forschungsstand wiederzugeben. 2023 entstand ein germanisches Langhaus. Das Museum ist jedes Jahr vom 01.04. – 31.10. geöffnet (www.afm-oerlinghausen.de).

ße (benannt nach dem kleinen Ort nördlich vom Hauptkamm des Teutoburger Waldes) ist Teil eines ehemaligen Fernweges, der durch ein Quertal des Teutoburger Waldes (der sogenannten Wistinghauser Schlucht) führt. Der Wistinghauser Straße folgen wir bis zu einem Wegekreuz, wo wir wieder auf den Hermannsweg treffen. Der Zielwegweiser verrät uns, dass wir nach links Oerlinghausen in 3,6 km Entfernung erreichen. Nach rechts führt der Weg zur Gaststätte Bienenschmidt (vgl. Wanderung 17). Wenn man möchte, kann man hier über den A 5 einen Abstecher zu einem schönen *Tretbecken* (6) mit der hangaufwärts liegenden „Sachsenquelle" machen (ca. 300 Meter). Wer das Geländeprofil genauer betrachtet, entdeckt links und rechts der vom Weg aus eher zu erahnenden als zu sehenden Quelle die Ausläufer der Wälle des Bodendenkmals Wallburg

3. Klimaerlebniswelt – Klimawandel hautnah erfahren

Die Klimaerlebniswelt Oerlinghausen ist einzigartig in Deutschland. Sie ist die bundesweit erste erlebnispädagogische Einrichtung, die Antworten auf wichtige Fragen des Klimawandels aufzeigt. Wie kann man den Klimawandel in Grenzen halten und wie gehen wir mit den Folgen, zum Beispiel für Gesundheit, Ernährung und Waldwirtschaft um? Schon das Gebäude ist ein Ausstellungsstück, weil demonstriert werden soll, wie klimagerechtes Bauen aussieht.

auf dem Tönsberg, auch „Sachsenlager" genannt, welches wir später noch durchwandern. Unsere Route folgt aber dem Hermannsweg in Richtung Hünenkapelle/Oerlinghausen. Es geht recht steil bergan, am Ende durch einen in den Berg geschlagenen steinigen Weg auf den Kammweg des Teutoburger Waldes.

Fliegerkuppen und Segelflugplatz

An Berghängen des Barkhauser Berges begann in den 1920er Jahren das Segelfliegen. Mit Gummiseilen katapultierte man damals die „fliegenden Kisten" in die Landschaft. Die ersten Flugpioniere der Region nutzten die günstige, sonnige Hanglage, um die Segelflugzeuge von den Fliegerkuppen hinunter zu „schießen" und durch warme Aufwinde für einige Minuten in der Luft zu halten. Bis in die 1950er Jahre flog man von den Hügeln am Barkhauser Berg. Erst danach etablierte sich der gesamte Flugbetrieb auf dem 1,5 Kilometer entfernten Segel- und Motorflugplatz, heute Luftsportzentrum.

3. Etappe: Hünenkapelle – Oerlinghauser Zentrum (3,2 km)

Der Kammweg zieht Wanderer und Spaziergänger magisch an. Die Sehenswürdigkeiten werden auf Informationstafeln erläutert, neben der **Hünenkapelle** (7) die Reste der Wallburg aus der Eisenzeit (im Archäologischen Freilichtmuseum kann die Rekonstruktion eines solchen Walls besichtigt werden), das Hermann-Löns-Denkmal und ein Ehrenmal für Gefallene des Ersten Weltkrieges.

An vielen Punkten kann man vom Kammweg Aussichten genießen, die vor einigen Jahren durch den Baumbestand so noch nicht möglich waren. Man mag die Schäden, die die Forstwirtschaft durch die Trockenheit zu erleiden hatte beklagen, doch die neuen, weiten Blicke in die Senne oder bis zum Weserbergland sind grandios. Vom Standort des Hermann-Löns-Denkmals kann man den Oerlinghauser Segelflugplatz in voller Größe mit allen Start- und Landebahnen und auch das Ortszentrum Stukenbrocks erkennen.

A5

Töns-bergblick

Den Kammweg verlassen wir kurz vor dem Gasthof Tönsblick auf einem schmalen Waldweg nach rechts und erreichen scharf links den Philosophenweg (A 5). Dieser ebene schmale Weg wurde 1900 angelegt, nach dem Vorbild des gleichnamigen Wegs in Heidelberg. Oerlinghausen ist nicht Heidelberg, aber ein Philosophenweg passt unbedingt zu Oerlinghausen. Hier haben bedeutende Wissenschaftler gelebt, z. B. Marianne und Max Weber oder Niklas Luhmann. Das Philosophieren wird angeregt durch kurze prägnante Zitate.

Der hübsche Weg endet vor einer alten Bruchsteinmauer, die den jüdischen Friedhof umfasst. Der Friedhof, den man durch ein schmiedeeisernes Tor betreten kann, ist einen Besuch wert. Schon seit dem 17. Jahrhundert bestattete die jüdischen Gemeinde hier ihre Verstorbenen. Auf den efeubewachsenen Grabsteinen sind die Namen Oerlinghauser Familien wie Paradies, Bornheim, Lindemeyer oder Meyer noch gut zu erkennen. Der älteste der rund 60 Grabsteine stammt aus dem Jahre 1761.

Gegenüber des Friedhofs befindet sich das markante Gebäude des Tönsberghauses, bis vor wenigen Jahren die Oer-

Hochlandrinder auf einer Koppel im Naturschutzgroßprojekt Senne und Teutoburger Wald

Sandgrube Hassler Panorama

linghauser Jugendherberge. Unsere Route führt über eine Kopfsteinpflasterstraße (Auf dem Berge) und dann rechts bergab auf die Tönsbergstraße. Hier biegen wir wieder nach rechts. Bald treffen wir auf der linken Seite auf das Gebäude der ehemaligen Synagoge. Zu Beginn des 19. Jahrhunderts errichtete die jüdische Gemeinde an dieser Stelle eine aus Holz gebaute Synagoge. Um 1890 wurde das Haus durch ein Bruchsteingebäude ersetzt. Der Zerstörung durch die Nazis während der Novemberpogrome 1938 entging die Synagoge nur, weil die jüdische Gemeinde sie zuvor bereits verkauft hatte. Seit 1979 wird die restaurierte Synagoge vom Kunstverein Oerlinghausen für Kunstausstellungen oder andere Kulturveranstaltungen genutzt. Nach weiteren 100 Metern bergab passiert man rechts das Oerlinghauser Bürgerhaus, in dem bis um 1900 eine Brauerei angesiedelt war. Eine Informationstafel am Gebäude gibt einen kurzen Überblick über die Geschichte des Hauses.

Man wendet sich jetzt kurz nach links und dann auf der Hauptstraße nach rechts. Nun ist wieder der Ausgangspunkt, der Parkplatz am ehemaligen Amtsgarten erreicht.

7. Der Mythos Hünenkapelle

Der Ursprung der Kapelle im gotischen Stil liegt im Dunklen. Bekannt wurde nur, dass man im 16. Jahrhundert Steine aus der kleinen Kapelle herausbrach und sie auf dem nahegelegenen Gut Wistinghausen als Baumaterial für ein Hofgebäude nutzte. „Kurios ist, dass die heutige Kapelle in den 1860er Jahren als romantische Ruine aufgebaut wurde", sagt Karl Banghard, der Leiter des Archäologischen Freilichtmuseums. Man errichtete seinerzeit kein Gebäude, sondern baute eine Ruine, also ein halbfertiges Bauwerk, aus, um so ein romantisch verklärtes Denkmal zu schaffen. Die Heimatdichter Ludwig Altenbernd und auch Hermann Löns beschreiben die kleine Kapelle in ihren Werken. Etwa zur gleichen Zeit wurde übrigens auch das Hermannsdenkmal gebaut.

Empfehlenswerte Wanderliteratur für Lippe

AUTORENTEAM DER WANDERGRUPPEN HORN-BAD MEINBERG (Hrsg.): Wandern in Horn-Bad Meinberg und Umgebung. Detmold: Lippe Verlag, 2021

BIOLOGISCHE STATION LIPPE, KREIS LIPPE, LIPPISCHER HEIMATBUND (Hrsg.): Naturschutzgebiete in Lippe – Entdeckungsreise durch eine Natur- und Kulturlandschaft. Holzminden: Verlag Jörg Mitzkat, 2010

BIOLOGISCHE STATION LIPPE (Hrsg.): „Wege durch die Natur" – Naturwanderführer Lippe. Bielefeld: tpk-Regionalverlag, 2005

ESTERBAUER VERLAG (Hrsg.): Fernwanderweg Hermannshöhen – Hermannsweg – Eggeweg. Rodingersdorf (A): Esterbauer Verlag, 2022

GERBAULET, Horst: Erlebnis Hermannsweg – Östlicher Teil: Wandern von Bielefeld bis Horn-Bad Meinberg. Bielefeld: tpk-Regionalverlag, 2003

GERBAULET, Horst: Erlebnis Eggeweg – Wandern von den Externsteinen nach Marsberg. Bielefeld: tpk-Verlag, 2011

KELLE, Anne; Weber, Roman: Erlebe Lippe!. Natur, Kultur, Stadt, Erlebnis. Holzminden: Verlag Jörg Mitzkat, 2021

KIPER, Thomas (Hrsg.): Faszinierende Senne zu Fuß – Das Wanderbuch für die Senne. Bielefeld: tpk-Verlag, 2001

LIPPERT, Willy: Das Eggegebirge und sein Vorland. 5. Aufl. Bad Driburg: Eggegebirgsverein, 1996

LIPPISCHE LANDESKIRCHE (Hrsg.): Pilgern in Lippe – Weg der Stille. Ein Wegbegleiter für den Pilgerweg. Detmold: Lippische Landeskirche, 2021

MEIER, Karl: Wanderfahrten durch Lippe. Lemgo, 1950

NATURPARK TEUTOBURGER WALD/EGGEGEBIRGE: Wegbegleiter durch den Naturpark. https://www.naturpark-teutoburgerwald.de/wp-content/uploads/2023/09/Wegbegleiter.pdf

RÜTHER, Peter; Schenk, Susanne: So weit der Blick reicht – Aussichtspunkte in Ostwestfalen-Lippe. Bielefeld: tpk-Verlag, 2008

TEGTMEYER, Renate: Zu Fuß unterwegs rund um Bad Salzuflen – Wegbegleiter auf 15 Wanderwegen. Bad Salzuflen: Verlag Dröge Schötmar GmbH, 2002

SCHIERHOLZ, Sabine: Der Naturpark Teutoburger Wald / Eggegebirge – Ein Reiseführer durch die Wander- und Gesundheitsregion zwischen Egge und Weser, Lipper Bergland und Teutoburger Wald. Bielefeld: tpk-Verlag, 2009

WIEMANN, Gustav: Rundwanderungen im Lipperland. Bd. 2. Detmold: Lippischer Heimatbund e. V., 1983

WIEMANN, Gustav: Rundwanderungen im Lipperland. Bd. 3. Detmold: Lippischer Heimatbund e. V., 1988

Literatur zu den Wanderungen

WANDERUNG 2: STIEWE, Heinrich: Kirche Dorf und Rittergut. In: LIPPISCHER HEIMATBUND (Hrsg.): Heimatland Lippe. 98. Jahrgang, Nr. 7, S. 100-101, Detmold: Lippischer Heimatbund, 2005

WANDERUNG 3: FÜLLER, Matthias; Rahns, Andreas; Schultz, Hartwig; Steinheider; Klaus: Rinnenberg bei Extertal-Bremke. Lippische Kulturlandschaften, Heft 12, Detmold: Lippischer Heimatbund, 2008

WANDERUNG 4: HUISMANN, Frank: Burg Sternberg. Lippische Kulturlandschaften, Heft 33, Detmold: Lippischer Heimatbund, 2016

WANDERUNG 6: DEICHSEL, Eckehard: Schloss Brake. Lippische Kulturlandschaften, Heft 18, Detmold: Lippischer Heimatbund, 2010

HILKER, Susanne: Gesichter der Weserrenaissance. Lippische Kulturlandschaften, Heft 50, Detmold: Lippischer Heimatbund, 2021

WANDERUNG 7: VON KERßENBROCK-KROSIGK, Dedo: Schloss Barntrup Lippische Kulturlandschaften Heft 13, Detmold: Lippischer Heimatbund, 2009

WANDERUNG 8: HOHENSCHWERT, Friedrich: Ur- und frühgeschichtliche Befestigungen in Lippe, Münster: Aschendorffsche Verlagsbuchandlung, 1978

HUISMANN, Frank; Pieper, Roland; Salesch, Martin; Treude, Elke, Lippisches Landesmuseum (Hrsg.): Burgen in Lippe. heute schützen wir sie, o.O., 2003

STIEWE, Heinrich; Dann, Thomas: Schloss und Schlossgarten Schieder, Lippische Kulturlandschaften, Heft 23, Detmold: Lippischer Heimatbund, 2013

WANDERUNG 9: STUMPE, Dieter: Von Osterrädern, Fürsten, Goethe und Mythen. Allerlei Wissenswertes aus und über Lügdes Geschichte, 2. Auflage, Lügde: Dieter Stumpe, 2021

SCHLIEKER, Edmund; Friese, Josef: Aus der Geschichte der Stadt Lügde. Band 2, Bad Pyrmont: Lichthard Druck, 1983

WANDERUNG 10: GERKING, Willy: 300 Jahre Kirche St. Michael in Falkenhagen. Festschrift zum 300jährigen Bestehen der katholischen Pfarrkirche St. Michael, Falkenhagen: Kath. Pfarrgemeinde, 1995

GERKING, Willy (Hrsg.): 750 Jahre Kloster Falkenhagen. Festschrift zur 750jährigen Wiederkehr der Klostergründung und zum 500jährigen Jubiläum der Kirchweihe, Leopoldshöhe: Heka-Verlag Kameier, 1997

REINEKE, Augustinus: Katholische Kirche in Lippe, Paderborn: Bonifatius-Druckerei, 1983

WANDERUNG 12: LINDE, Roland; Stiewe, Heinrich: Schwalenberg. Lippische Kulturlandschaften, Heft 46, Detmold: Lippischer Heimatbund, 2020

WANDERUNG 14: SCHÄFER, Ingrid: Zur Geschichte des Waldes von Schlangen, Kohlstädt, Oesterholz und Haustenbeck. In: WIEMANN, Heinz; Fischer, Annette: Geschichte der Dörfer Schlangen, Kohlstädt, Oesterholz und Haustenbeck. Band 2, S. 414-501, Bielefeld: Verlag für Regionalgeschichte, 2011

WANDERUNG 15: TREUDE, Elke; Zelle, Michael: Externsteine. Lippische Kulturlandschaften, Heft 19, Detmold: Lippischer Heimatbund, 2011, 2. Aufl. 2018
SCHEFFLER, Jürgen: Bergheiden rund um die Externsteine und das Hermannsdenkmal. Lippische Kulturlandschaften, Heft 57, Detmold: Lippischer Heimatbund, 2024
MÜLLER-KISSING, Johannes: Die Falkenburg. Archäologische Untersuchungen in einem hoch- und spätmittelalterlichen Dynastensitz bei Detmold-Berlebeck. Oppenheim: Nünnerich-Asmus Verlag & Media, 2022

WANDERUNG 16: ZELLE, Michael: Das Hermannsdenkmal. Lippische Kulturlandschaften, Heft 26, Detmold: Lippischer Heimatbund, 2014, 2. Aufl. 2018
SCHEFFLER, Jürgen: Bergheiden rund um die Externsteine und das Hermannsdenkmal. Lippische Kulturlandschaften, Heft 57, Detmold: Lippischer Heimatbund, 2024
SCHRÖDER, Friedrich-Wilhelm: Auf den Spuren von Hirsch und Kolkrabe. Wandervorschlag Nr. 7. In: BIOLOGISCHE STATION LIPPE (Hrsg.): „Wege durch die Natur" – Naturwanderführer Lippe. Bielefeld: tpk-Regionalverlag, 2005

WANDERUNG 18: RAHNS, Andreas: Tönsberg bei Oerlinghausen. Lippische Kulturlandschaften Heft 8, Detmold: Lippischer Heimatbund, 2007
BANGHARD, Karl: Das Archäologische Freilichtmuseum Oerlinghausen. Lippische Kulturlandschaften Heft 39, Detmold: Lippischer Heimatbund, 2018
BIERE, Horst: Oerlinghauser Stadtgeschichte(n). Historische Reportagen aus Lippe. Gütersloh: ostwestfaelisch.de – Verlag M. Borner, 2023

Literatur und Internetadressen

Literatur

ANDRACK, Manuel: Du musst wandern – Ohne Stock und Hut im deutschen Mittelgebirge. Köln: Kiepenheuer & Witsch, 2005

BACHLER, Gerhard: Mein Vater war ein Wandersmann. Bad Salzuflen: Heimat und Verschönerungsverein Bad Salzuflen e. V., 1986 (vergriffen).

BIOLOGISCHE STATION LIPPE, KREIS LIPPE, LIPPISCHER HEIMATBUND (Hrsg.): Naturschutzgebiete in Lippe – Entdeckungsreise durch eine Natur- und Kulturlandschaft. Holzminden: Verlag Jörg Mitzkat, 2010

BIOLOGISCHE STATION LIPPE (Hrsg.): „Wege durch die Natur“ – Naturwanderführer Lippe. Bielefeld: tpk-Regionalverlag, 2005

CZYPPULL, Birgit; Mitzkat, Jörg: Die wilde Heimat zu Fuß erleben. Wandern in der Solling-Vogler-Region im Weserbergland. Holzminden: Verlag Jörg Mitzkat, 2022

DEPPING, Helmut: Die Fachstelle Wandern. In: Meier, Burkhard; Wiesekopsieker, Stefan (Hrsg.): Lippe 1908–2008 – Beiträge zur Geschichte und Gegenwart der Heimatpflege. Bielefeld: Verlag für Regionalgeschichte, 2008

ESTERBAUER VERLAG (Hrsg.): Fernwanderweg Hermannshöhen – Hermannsweg – Eggeweg. Rodingersdorf (A): Esterbauer Verlag, 2022

FRANZMEIER, Otto: Forsthaus Harttrören. In: Lippischer Heimatbund (Hrsg.): Heimatland Lippe. 56. Jahrgang, Nr. 2, S. 64-70, Detmold: Lippischer Heimatbund, 1963

GERKING, Willy: Die Wüstungen des Kreises Lippe. Münster: Aschendorff, 1995

HÖFING, Liesbeth; Koch, Willi: Wandern in Lippe. 3. Aufl. Detmold : Topp + Möller, 1994.

HOHENSCHWERT, Friedrich: Der Kreis Lippe II – Führer zu archäologischen Denkmälern in Deutschland. Stuttgart: Theiss, 1985, S. 181, S. 32

KELLE, Anne; Weber, Roman: Erlebe Lippe!. Natur, Kultur, Stadt, Erlebnis. Holzminden: Verlag Jörg Mitzkat, 2021

LIPPISCHE LANDESKIRCHE (Hrsg.): Pilgern in Lippe – Weg der Stille. Ein Wegbegleiter für den Pilgerweg. Detmold: Lippische Landeskirche, 2021

LIPPISCHER HEIMATBUND (Hrsg.): Lippe zu Fuß erleben. Faszinierende Wanderungen durch Natur und Kultur des Lipperlandes. Holzminden: Verlag Jörg Mitzkat, 2014

LIPPISCHER HEIMATBUND (Hrsg.): Lippe zu Fuß erleben. Faszinierende Wanderungen durch Natur und Kultur des Lipperlandes. Holzminden: Verlag Jörg Mitzkat, 2. Aufl. 2018

LITERATURHAUS NORDHESSEN E. V.: Wandern macht anarchisch – Hans-Jürgen von der Wense und die Kultur des Wanderns. URL http://www.juergen-von-der-wense.de Stand: 21.02.2024

MAYER, Andreas: Wissenschaft vom Gehen – Die Erforschung der Bewegung im 19. Jahrhundert. Frankfurt a. M.: S. Fischer, 2013.

NATURSCHUTZZENTRUM SENNE E. V. (Hrsg.): Senne und Teutoburger Wald. Bielefeld: tpk-Regionalverlag, 2008

SCHRÖDER, Friedrich-Wilhelm: Wandervorschlag Nr. 7, Auf den Spuren von Hirsch und Kolkrabe. In: Biologische Station Lippe (Hrsg.): „Wege durch die Natur" – Naturwanderführer Lippe. Bielefeld : tpk-Regionalverlag, 2005

SCHÜMER, Dirk: Eine kurze Geschichte des Wanderns. München: Piper, 2012.

VOGTMEIER, Michael: Lippisches Lesebuch – Literarische Streifzüge durch das Fürstentum. , Rosdorf: Vogtmeier Verlag, 2006

VON DER WENSE, Jürgen: Wanderjahre. Berlin: Matthes & Seitz, 2009

Internetadressen

Archäologisches Freilichtmuseum e.V.. URL: https://www.afm-oerlinghausen.de

Bezirksregierung Detmold: Historische Grenzsteine in Ostwestfalen-Lippe. URL: https://www.owl-historische-grenzsteine.nrw.de/

Bezirksregierung Köln: GEObasis.NRW: TIM-online. URL: https://www.tim-online.nrw.de/tim-online2/

Die Falkenburg e. V.. URL: https://www.falkenburg-lippe.de

FOSSGIS e.V.. URL: http://www.openstreetmap.de

Freytag-Berndt u. Artaria KG. URL: https://www.freytag-berndt.com

Google Earth. URL: https://www.google.de/intl/de/earth/

komoot GmbH. URL: https://www.komoot.de/

Kreis Lippe: Geoportal. URL: https://geoportal.kreislippe.de/

Kreis Lippe: Naturschutzgroßprojekt Senne. URL: https://www.kreis-lippe.de/ngp/

Landeseisenbahn Lippe e. V.. URL: https://www.landeseisenbahn-lippe.de

Lemgo Marketing e. V.. URL: https://www.lemgo-marketing.de

Lippe Tourismus & Marketing AG: Land des Hermann. URL: http://www.land-des-hermann.de

Lippischer Heimatbund e. V.. URL: https://www.lippischer-heimatbund.de

Lokale Aktionsgruppe Nordlippe e.V.: Wanderwege. URL: https://wanderregion-nordlippe.de/wanderwege/

Marketing Extertal e. V.: Wandern. URL: https://www.marketing-extertal.de/wandern/

Ministerium für Umwelt, Naturschutz und Verkehr des Landes NRW. URL: https://www.wanderroutenplaner.nrw.de

Openmtbmap.org. URL: https://openmtbmap.org/de

OstWestfalenLippe GmbH: Fachbereich Teutoburger Wald Tourismus: TEUTO_Navigator. URL: https://www.teutonavigator.de

Outdooractive AG. URL: https://www.outdooractive.com

Stadt Barntrup: Wandern. URL: https://www.barntrup.de/Tourismus-Kultur-Freizeit/Wandern-in-der-Region.htm

Stadt Lage: Wandern. URL: https://www.lage.de/Leben-in-Lage/Tourismus/Radfahren-und-Wandern/

Stadt Lügde: Wandern. URL: https://luegde.de/Freizeit-Tourismus/Wandern-Pilgern/

Teutoburger-Wald-Verband e. V.. URL: http://www.teutoburger-waldverein.de

XORTEX eBusiness GmbH. URL: https://www.gps-tour.info

youtube. URL: https://www.youtube.com/watch?v=cHhryC_-7el

Zweckverband Naturpark Teutoburger Wald/Eggegebirge. URL: https://www.naturpark-teutoburgerwald.de

Bildnachweise

Beuchler, Jessica: 101

Biere, Horst: 183, 185, 187 mitten, 188

Biere, Marnie: 18/19, 186/187, 189

Bockwinkel, Jürgen: 160 oben

Brakemeier, Friedrich: 21, 57-61 oben, 62-64

Buhr, Katrin: 112 oben

Fester, Fabian: 30

Füller, Matthias: 7, 9, 10/11, 25 unten, 27 unten, 33 oben, 35, 36 oben, 38 oben, 41-47 oben, 49, 51 unten, 52 unten, 54, 87 oben, 89 unten, 93 rechts, 105, 107, 109, 111 unten,117 oben, 118, 121, 129, 131 unten, 133, 134/135, 137 unten, 140 oben, 141, 143,144/145, 145 oben, 153, 155 oben, 166 unten, 168, 170, 171, Umschlag hinten unten rechts

Gemeinde Kalletal: 33 unten, 38 unten

Hoffmann, Ansgar: 146, 152

Hottel, Matthias: 142

Huneke, Helmut: 167 unten

Jacke, Nadja: 31 unten links

Jooß, Dieter: 67 oben, 68-70, 72-75

Ketz, Dominik: 97, 103

Kopel-Varchmin, Johannes: 22/23, 26, 28, 29, 47 unten, 50, 51 oben, 55, 61 unten, 81 unten-83, 91, 100 oben, 123 mitten, 137 oben, 139

Krüger, Norman: 34, 39

Lippe Tourismus & Marketing GmbH: 36 unten

Lippischer Heimatbund e.V.: 115

Lippische Landesbibliothek: 131 oben [PK-SCHI-33A]

Nagel, Adolf: 157, 159 unten

Nagel, Gerhard: 87 unten, 89 oben, 90, 92, 93 links, 94-95, 119

Rahns, Andreas: 15, 67 unten, 71, 81 oben, 84-85, 99, 100 unten, 102, 108, 110, 111 oben, 120, 113, 116, 117 unten, 120, 122, 123 oben und unten, 125 unten, 128 unten, 130, 132, 165, Umschlag hinten oben links und unten rechts

Schäfers, Mathilde: 140 unten

Schell, Carmen: 112 unten

Schwarze, Henning: 16, 149, 150, 151 oben

Sonnenburg, Holger: 25 oben

Staatsbad Salzuflen: 31 oben links und rechts, unten rechts

Stadtarchiv Detmold: 20 und 155 [Bildarchiv DT BA 3481], 169 [Bildarchiv DT BA 1050]

Stadt Bad Salzuflen: 27 oben, 31

Stock, Sabine: 37

Stork, Andreas: Titelbild

Strothbäumer, Sarah: 31 oben links und rechts, unten rechts

Teutoburger Wald Tourismus: 97, 103

Titho, Magnus: 12/13, 52/53 oben, 53 unten, 76/77, 79, 125 oben, 127, 128 oben, 147, 151 unten, 158, 159 oben, 160 unten-163, 166 oben, 167 oben, Umschlag hinten oben rechts

Tourist-Information Lage: 173-181

Dank

Für die finanzielle Unterstützung dieser Publikation dankt der Lippische Heimatbund:
Dem Ministerium für Klimaschutz, Umwelt, Landwirtschaft, Natur- und Verbraucherschutz des Landes Nordrhein-Westfalen und dem Naturpark Teutoburger Wald/Eggegebirge für die Ermöglichung der Bezuschussung.

Wir danken den Mitarbeitern der Biologischen Station Lippe, ohne deren intensive und fachkundige Arbeit dieses Buch nicht hätte entstehen können.

Eine große Anerkennung gebührt auch allen Autoren und Fotografen, die ohne Honorar die Wandervorschläge ausgearbeitet, die Touren erwandert und die Digitalrouten erstellt, Texte verfasst und die Fotos für dieses Buch zur Verfügung gestellt haben.

Wir bedanken uns auch bei den Mitarbeitern des Katasteramtes des Kreises Lippe für die Bearbeitung und Erstellung der in diesem Band verwendeten Karten und Höhenprofile.

Für die sorgfältige Durchsicht des Manuskriptes danken wir Dr. Stefan Wiesekopsieker.

Autoren und Unterstützer

Biere, Klaus: Ehemaliger Leiter der Fachstelle Wandern im LHB, aktiver Heimatfreund und Wegezeichner in Oerlinghausen

Biere, Horst: Vorsitzender des LHB-Ortsvereins Oerlinghausen

Behrend, Marion: Stadtführerin in Barntrup

Brakemeier, Friedrich: Ehrenvorsitzender des LHB

Buhr, Katrin: Vorsitzende des Heimatvereins Elbrinxen e.V.

Depping, Helmut: Ehemaliger Vorsitzender der Fachstelle Wandern des LHB, Wanderführer

Dubbert, Rainer: Vorsitzender des Heimat- und Zieglervereins Talle

Fester, Fabian: Wissenschaftlicher Mitarbeiter der Biologischen Station Lippe e.V.

Füller, Matthias: Leiter der Biologischen Station Lippe e.V.

Göbel, Jürgen: Aktiver Heimatfreund in Schlangen

Güse, Bruno: Naturparkführer in Kalletal-Talle

Huneke, Helmut: Aktiver Heimatfreund in Detmold

Jooß, Dieter: Aktiver Wanderfreund in Lemgo, Mitglied des Fachstellenvorstands Wandern im LHB

Kleinmanns, Joachim: Leiter der Fachstelle Baugestaltung und Denkmalpflege im LHB

Kopel-Varchmin, Johannes: Ehemaliger Leiter der Fachstelle Wandern im LHB

Mühlenmeier, Bernd: Aktiver Heimatfreund in Dörentrup, stellvertretender Vorsitzender des NABU Lippe

Müller, Heinz: Aktiver Heimatfreund aus Lügde, betreut den „Hummerser Rundwanderweg mit rustikalen Bänken“

Nagel, Adolf: Ehemaliger Leiter der Fachstelle Wandern im LHB, Wegezeichner rund um die Externsteine

Nagel, Gerhard: Naturparkführer aus Blomberg

Nolte, Angelika: Wegezeichnerin in Dörentrup-Humfeld

Rahns, Andreas: Wissenschaftlicher Mitarbeiter des Lippischen Heimatbundes e.V.

Redeker, Wolfgang: Initiator und Gestalter des Barntruper Kunstpfads aus Barntrup

Schwarze, Henning: Naturparkführer in Schlangen

Stork, Andreas: Gemeinsam mit der Familie aktiv für die Wege im Rintelschen Hagen

Thevis, Wolfgang: Langjähriger Mitarbeiter der Tourist-Information Lage-Lippe, aktiv im LHB-Ortsverein Lage e.V.

Schäfers, Mathilde: Mitbegründerin des Besinnungsweges in Kempen, Feldrom und Veldrom